Kohlhammer *PflegeManagement*

Die Autorin:

Karin Michels, Krankenschwester, Lehrerin für Pflegeberufe, Supervisorin, Qualitätsbeauftragte/Qualitätsmanagerin/Auditorin im Bildungsbereich, ist seit 1995 Fachberatung für Schulen in der Marienhaus GmbH in Waldbreitbach.
Sie ist auf Bundesebene Mitglied des Deutschen Bildungsrates und auf Landesebene im Vorstand der Landesarbeitsgemeinschaft für Lehrerinnen und Lehrer für Pflegeberufe in Rheinland-Pfalz.

Karin Michels

Qualitätsmanagement für Pflegeschulen

Grundlagen – Implementierung – Verfahrensanweisungen

Verlag W. Kohlhammer

Dieses Werk einschließlich aller seiner Teile ist urheberrechtlich geschützt. Jede Verwendung außerhalb der engen Grenzen des Urherberrechts ist ohne Zustimmung des Verlags unzulässig und strafbar. Das gilt insbesondere für Vervielfältigungen, Übersetzungen, Mikroverfilmungen und für die Einspeicherung und Verarbeitung in elektronischen Systemen.

Die Wiedergabe von Warenbezeichnungen, Handelsnamen und sonstigen Kennzeichen in diesem Buch berechtigt nicht zu der Annahme, dass diese von jedermann frei benutzt werden dürfen. Vielmehr kann es sich auch dann um eingetragene Warenzeichen oder sonstige gesetzlich geschützte Kennzeichen handeln, wenn sie nicht eigens als solche gekennzeichnet sind.

1. Auflage 2004

Alle Rechte vorbehalten
© 2004 W. Kohlhammer GmbH Stuttgart
Umschlag: Gestaltungskonzept Peter Horlacher
Gesamtherstellung:
W. Kohlhammer Druckerei GmbH + Co. Stuttgart
Printed in Germany

ISBN 3-17-018028-2

Geleitwort

> „Es gibt nur eines, was auf Dauer
> teurer ist als Bildung: keine Bildung."
>
> John F. Kennedy

Bildungsentwicklung steht in der Marienhaus GmbH an prominenter Stelle. Auch wenn gesetzlich ein Qualitätsmanagementsystem noch nicht gefordert wird, so war doch berufspolitisch bereits vor Jahren abzusehen, dass Qualität zu einem entscheidenden Faktor im gesamten Gesundheitsbereich und damit auch in den Pflegeschulen werden wird. Gerade die aktuelle Wirtschaftslage im Gesundheitswesen stellt die Pflegeschulen vor schwierige Situationen. Das Preis-Leistungs-Verhältnis wird mehr als in der Vergangenheit die Zahl der Auszubildenden an den Schulen auf den Prüfstand stellen.

Auch wenn ein strategischer Grundsatz in der Unternehmensphilosophie der Marienhaus GmbH besagt, dass im Rahmen der finanziellen Möglichkeiten, unabhängig vom eigenen Bedarf, ausgebildet wird, so entbindet dies die Schulen nicht davon, einen Nachweis für die Qualität ihrer Ausbildung und für das Bemühen um ständige Entwicklung zu erbringen. Durch die individuellen Prozessbeschreibungen jeder einzelnen Ausbildungsstätte wird die Basis für deren Weiterentwicklung gelegt.

Mit der Einführung eines Qualitätsmanagementsystems hat die Marienhaus GmbH eine Grundorientierung geschaffen. Sie gewährleistet eine frühzeitige Hilfestellung und Vorbereitung für den Übergang von der bestehenden, dokumentierten Ist-Situation zur angestrebten Soll-Situation. Neben einer Schulentwicklungsverpflichtung und der permanenten schulinternen Evaluation lässt das Qualitätsmanagementsystem viel Gestaltungs- und Entscheidungsspielraum. Obwohl bei der Einführung des Systems nach der DIN EN ISO 9001 das Ergebnis noch keineswegs abzuschätzen war, haben sich alle Ausbildungsverantwortlichen der Pflegeschulen und der Schule für Physiotherapie engagiert ihrer Verantwortung gestellt: Sie haben den nie endenden Weg ständiger Entwicklungsschritte durch Prozessbeschreibungen einschließlich der damit verbundenen Evaluation beschritten. Was damals noch nicht richtig einzuschätzen war, steht aber heute vollkommen außer Frage: die Sinnhaftigkeit von Verfahrensanweisungen theoretischer und praktischer Ausbildungsabläufe.

Das vorliegende Buch fasst den Prozess der Einführung eines Qualitätsmanagementsystems nach der DIN EN ISO 9001 innerhalb der Schulen der Marienhaus GmbH zusammen. Ich wünsche mir, dass das Buch anderen Schulen dabei helfen kann, das in Zukunft – nicht nur in ökonomischer Hinsicht – immer wichtiger werdende Thema Qualität aufzugreifen und umzusetzen.

Dann hätte sich die Pionierarbeit von Karin Michels, der Autorin dieses Buches, einmal mehr gelohnt. Bei ihr möchte ich mich ganz herzlich bedanken. Sie, die als Fachberaterin für die Schulen innerhalb der Marienhaus GmbH tätig ist, hat durch Eigeninitiative rechtzeitig die Weichen für einen zukünftigen Qualitätsnachweis unserer Schulen gestellt. Sie hat ein speziell auf die Schulen und ihre Bedürfnisse zugeschnittenes Qualitätsmanagementsystem entwickelt; die Schulen bei der Einführung des Systems begleitet und ihnen mit Rat in theoretischen wie in praktischen Fragen zur Seite gestanden. Wenn ihr Buch manche dieser Funktionen erfüllt, so wäre dessen Ziel sicher erreicht.

Mein Dank gilt auch allen Schulleitungen und Lehrerinnen und Lehrern in den Pflegeschulen wie in der Schule für Physiotherapie. Sie haben die umfangreichen Verfahrensanweisungen neben ihren vielfältigen Alltagsaufgaben erarbeitet und sich auf einen nie abgeschlossenen Prozess eingelassen. Auch den Mitarbeiterinnen und Mitarbeitern in den Krankenhäusern möchte ich danken, die beratend und unterstützend die Prozesse begleitet haben.

Christa Garvert
Geschäftsführerin
Marienhaus GmbH Waldbreitbach, im August 2003

Inhaltsverzeichnis

Geleitwort		1
1	Ausgangssituation	5
2	Organisation einer Pflegeschule	7
3	Qualitätsmanagementeinführung an Pflegeschulen	10
3.1	Warum Qualitätssicherung durch ein Qualitätsmanagementsystem?	10
3.2	Welche Voraussetzungen müssen geschaffen werden?	20
3.3	Welches Qualitätsmanagement ist das Richtige?	23
3.4	Motivation der Ausbildungsverantwortlichen	26
4	Einführung des Qualitätsmanagementsystems nach der DIN EN ISO 9001 in der Marienhaus GmbH	30
4.1	Vorstellung der Marienhaus GmbH	30
4.2	Die Wahl eines Qualitätsmanagementsystems	32
4.3	Nutzen der Verfahrensanweisungen	45
4.4	Rahmenbedingungen schaffen	46
4.5	Informationen über die Ablaufphasen	47
4.6	Vorbereitung der Einführung	48
4.6.1	Phasen 1 und 2: Leitbild und Unternehmensstrategie	48
4.6.2	Phase 3: Festlegung der Befugnisse und Verantwortlichkeiten	54
4.6.3	Phase 4: Erarbeiten der Qualitätsziele	54
4.7	Schulungsphase in den einzelnen Pflegeschulen	55
4.8	Durchführungsphase	56
4.8.1	Schwierigkeiten in der Anfangsphase	56
4.8.2	Aufbau einer Verfahrensanweisung	57
4.8.3	Durchführungsschritte und -hilfen zum Verfassen von Verfahrensanweisungen	63
5	Arbeitsaufwand durch das Qualitätsmanagement in der Einführungsphase	73
6	Schlusswort	75
Anhang		76
Ausgewählte Verfahrensanweisungen aus den Schulen der Marienhaus GmbH		76
	Einsatzplanung	77
	Lernstandskontrollen	87

Vorbereitung, Durchführung und Nachbereitung
des Examens in der Krankenpflege 97
Regelkommunikation Teambesprechung 106
Einführungsblock mit integrierten Praxisstudientagen . 108
Schülergespräche – Probezeit 114
Planung einer Unterrichtseinheit 118
Erstellen und Korrektur von Klausuren 121
Bewerberauswahlverfahren für
Lehrer/innen der Pflegeberufe 124
Zusammenarbeit mit Mentoren 126
Anmeldewesen für Fort- und Weiterbildung im BIKH . 137
Fördergespräche mit den Auszubildenden 145
Regelkommunikation 147
Auswahlverfahren 151
Praktikumsbetreuung 162

Literaturverzeichnis 165

Sachwortregister 167

1 Ausgangssituation

Mit dem Gesundheitsstrukturgesetz, der Bundespflegesatzverordnung und der Einführung der Pflegeversicherung hat sich für das Management, im Grunde aber für alle Mitarbeiter des Krankenhauses, das Selbstverständnis geändert. Alle müssen umdenken, auch die Mitarbeiter in der Pflege. So wird sich aufgrund des drastischen Bettenabbaus der letzten Jahre und der merklichen Verkürzung der Verweildauer das Berufsfeld für die Pflegenden verändern. Zusätzlich werden beispielsweise die geplante Umwandlung von Akutbetten in Betten für die Kurzzeitpflege und die stärkere Verlagerung von Leistungen aus dem stationären in den ambulanten Bereich möglicherweise die Zahl der Pflegenden im Krankenhaus reduzieren.

Veränderte Rahmenbedingungen im Gesundheitswesen

Qualifiziertes Pflegepersonal wird demnach veränderte Aufgaben wahrnehmen müssen. Neben der klassischen pflegerischen Versorgung und Betreuung werden Tätigkeiten hinzukommen, die in der Ausbildung bisher eine eher untergeordnete Rolle spielen: die Beratung und Anleitung von Patienten und Angehörigen oder das Qualitätsmanagement.

Anpassung der Pflegeausbildung

„Die überwiegend medizin- und krankheitsorientierte Pflegeausbildung wird in eine pflege- und gesundheitsorientierte Ausbildung überführt. Fächerübergreifender und fächerintegrativer Unterricht, ausgerichtet an Pflegesituationen, Pflegephänomenen, Verläufen individueller Krankheitsgeschehnisse, gegebenenfalls verbunden mit (pflegeforschungs-) praktischen Übungen, werden zur notwendigen Veränderung beitragen. Die praktische Ausbildung kann nicht nur in Einrichtungen der stationären Krankenversorgung oder Altenpflege stattfinden. Der häuslichen Pflege und den zukünftigen Aufgaben der Betreuung und Beratung wie auch der Prävention muss in der praktischen Ausbildung mehr Raum gewährt werden. Die geplante und reflektierte Anleitung durch qualifizierte und freigestellte Mentoren, Praxisanleiter und Pflegelehrer ist ein wichtiger Faktor im Ausbildungsgeschehen.
Ziel dieses Ausbildungsbestandteiles ist die praktische Handlungsfähigkeit, die das Beobachten, Planen und Bewerten der pflegerischen Arbeit einschließt. Die Organisation, Durchführung und Qualitätssicherung der praktischen Ausbildung wird durch Pflegeausbildungsverbünde sichergestellt" (Robert-Bosch-Stiftung 2001).

Allen Ausbildungsverantwortlichen ist eines klar: Für die neuen Aufgaben in der Pflege wird eine Ausbildung benötigt, die inhaltlich, didaktisch-methodisch und organisatorisch den veränderten Anforderungen entspricht. Das gilt sowohl für die Theorie als auch für die Praxis. Auch in der Finanzierung von Pflegeschulen werden erhebliche Veränderungen erwartet.

Die Pflegeausbildung erfolgt nach dem Krankenpflegegesetz § 5 Abs. 1. Sie besteht aus theoretischem und praktischem Unterricht und einer praktischen Ausbildung. Unterricht und praktische Ausbildung werden in staatlich anerkannten Pflegeschulen an Krankenhäusern vermittelt. Somit wird die Pflegeschule als eine Abteilung des Krankenhauses geführt und im Gesamtbudget mit erfasst.

Wachsende Bedeutung der Ausbildungskosten

In den Budgetverhandlungen der Krankenkassen mit den Krankenhäusern wurden die Ausbildungskosten insoweit mit verhandelt, als die Pflegeschule als theoretischer Lernort und die Ausbildungsvergütung der Pflegeschüler abgesichert war. Bis 1995 mussten sich die Pflegeschulen daher kaum um die theoretischen und praktischen Ausbildungskosten kümmern.

Erst die Aufhebung des Selbstkostendeckungsprinzips und die Einführung von Fallpauschalen und Sonderentgelten durch die 1995 in Kraft getretene Bundespflegesatzverordnung sowie die damit verbundenen Budgetkürzungen machen es erforderlich, dass die Verantwortlichen der Pflegeschulen zukünftig den Faktor „Finanzierung der theoretischen Ausbildung" verstärkt mit einbeziehen.

Besonders durch eine Veränderung des Abrechnungssystems in den Krankenhäusern nach den australischen AR-DRGs („Australian refined diagnosis related groups), die im § 17b des Krankenhausgesetzes für das Jahr 2003 beschlossen worden ist, werden die Krankenhäuser aus der bisher für sicher gehaltenen staatlichen Institution entlassen und zu einer gewerblichen Dienstleistungsorganisation umstrukturiert. Für die Pflegeschulen macht die Einführung des neuen DRG-Abrechnungssystems eine Neuordnung der Ausbildungsfinanzierung nach dem Krankenhausgesetz notwendig. Es ist zu erwarten, dass Ausbildungsstätten und Ausbildungsvergütungen nur finanziert werden, wenn Pflegeschulen in der Lage sind, Qualitätsstandards nachzuweisen.

Neue Qualitätskriterien

Doch nicht erst mit der Einführung der DRGs 2004 werden die Pflegeschulen gefordert, Qualität für die erbrachten Leistungen nachzuweisen. Seit Jahren steigt der Kostendruck auf die Krankenhäuser und damit eng verknüpft auf die Pflegeschulen. Die Träger erwarten von den Pflegeschulen immer stärker eine Transparenz der Tätigkeitsfelder durch Prozessbeschreibungen.

Besonders für den Bereich theoretische Ausbildungsstätten werden Fragen gestellt, wie z. B.:

- Was leistet ein Lehrer für Pflegeberufe bzw. welche Aufgabenfelder deckt er in der Ausbildung ab?
- Welche Gründe können angeführt werden, warum ein Lehrer in der Pflegeschule nicht annähernd die Zahl der theoretischen Unterrichtsstunden eines Berufsschullehrers absolviert?
- Ist die Anzahl von hauptamtlichen Lehrern notwendig oder können nicht verstärkt Honorardozenten eingesetzt werden?

Die Fragen machen deutlich, dass es nicht mehr wie bisher genügt, das Krankenpflegegesetz, die Ausbildungs- und Prüfungsverordnung und die damit verbundenen anfallenden Aufgaben zu erfüllen. Auch der Nachweis eines Krankenpflegeexamens mit guten Abschlussnoten wird in Zukunft als Messinstrument für Qualität nicht mehr ausreichen. Selbst eine Aufgabenauflistung der Tätigkeiten eines Lehrers wird zukünftig nicht mehr genügen, um die vielfältigen Bildungsaufgaben während der Pflegeausbildung zu beschreiben. Vielmehr werden Messkriterien nötig sein, die Aussagen darüber zulassen, warum die Anzahl der hauptamtlichen Lehrer erforderlich ist. Es gilt, hieb- und stichfest nachzuweisen, warum eine Pflegeausbildung so viel kostet, wie sie kostet. Hinter der Frage, was die Pflegeausbildung kostet, steht gleichzeitig die Frage, ob Effektivität und Effizienz von Ausbildung in einem akzeptablen und bezahlbaren Verhältnis zueinander stehen.

In vielen Diskussionen um Qualität wird der Eindruck vermittelt, dass Qualitätsnachweise heute überwiegend dazu dienen, Leistung transparent zu machen und vor allem Kosten einzusparen. Es besteht die große Gefahr, dass die tatsächliche Qualität der Ausbildung und die Ziele für die Einführung eines Qualitätsmanagementsystems immer mehr in den Hintergrund rücken. Die Pflegeschulen benötigen die Messkriterien jedoch nicht nur, um ihre ökonomische Verantwortung belegen zu können. Qualität ist nichts Feststehendes. Sie fordert beständig dazu heraus, sich dem Wettbewerb zu stellen. Angesichts der Konkurrenz ist es elementar, mittels Prozessbeschreibungen Qualität nachweisen zu können.

Warum Qualität in der Pflegeausbildung?

Für die Schulteams der Pflegeschulen bedeutet ein Qualitätsmanagementsystem, dass der größte Teil der Qualitätsarbeit zunächst eine Leistungs- bzw. Prozessbeschreibung darstellt. Gleichzeitig schafft sie jedoch die Basis für Selbstbewertung und Selbstreflexion. Interne Evaluation bietet vor allem die Chance, die eigene Arbeit inhaltlich und organisatorisch zu hinterfragen. Denn häufig bleibt die Eigenüberprüfung weit hinter den selbst gestellten Anforderungen und Ansprüchen zurück.

„Interne Evaluation kann das Qualitätsmanagement einer Institution gerade dadurch unterstützen, dass sie nicht nur einmal Daten sammelt und auswertet, sondern sich auf Überlegungen einlässt, was denn kontinuierlich an Informationen benötigt wird, um zu erkennen, ob und inwieweit man bestimmte Ergebnisse auf eine als angemessen betrachtete Weise erzielt oder nicht. Sie kann damit zugleich zum Aufbau des Wissensmanagements der Institution beitragen" (HEINER 1996).

Die Qualität in den Pflegeschulen galt bisher als gesichert, wenn die Examensschüler am Ende ihrer Ausbildung einen guten Abschluss erzielten. Eine gute oder schlechte Note sagt aber noch nichts über den Prozess aus, der zu diesem Ergebnis geführt hat. Ein abgelegtes Examen macht noch keine Aussage hinsichtlich der Gütekriterien für die Zukunft. Erst wenn es gelingt, auch die Prozessqualität zu verbessern, wird auch das Ergebnis in einem umfassenden Sinne besser – ein Grundgedanke eines jeden Qualitätsmanagementsystems.

Verbesserung der Prozessqualität im Mittelpunkt

Das Krankenpflegegesetz und die Ausbildungs- und Prüfungsverordnung fordern für die Schüler innerhalb der Ausbildung eine sinnvolle Anwendung vorhandenen Wissens. Dass hingegen die persönliche und soziale Kompetenz während der drei Ausbildungsjahre gefordert und gefördert werden, wird bisher nicht verlangt, geschweige denn in Form von Prozessbeschreibungen dokumentiert. Personalentwicklungsstrategien, wie z. B. Karriereplanungen für Schüler in der Pflegeausbildung, haben dann keinen Platz. Doch gerade in der jetzigen Situation, in der sich ein Pflegekräftemangel bereits abzeichnet oder regional schon vorhanden ist, haben alle Ausbildungsverantwortlichen in der Schule und im Krankenhaus neben der qualifizierten Ausbildung noch die weitere wichtige Aufgabe zu erfüllen, die Pflegeschüler an das Unternehmen zu binden.

Das Bewusstmachen der einzelnen Arbeitsschritte und Arbeitsabläufe innerhalb der gesamten Ausbildung verleiht auch die Fähigkeit, Mängel und Versäumnisse zu erkennen bzw. zu verdeutlichen. Das Beschreiben der einzelnen Prozesse erlaubt es, frühzeitig Fehler zu erkennen und permanente Verbesserungen zu erzielen, indem ständig Prozesse aktualisiert werden. Diese Maßnahmen gehen damit weit über eine Qualitätssicherung hinaus, wie sie bereits an den Pflegeschulen praktiziert wird. Festzuhalten bleibt aber, dass Qualitätsverbesserung nur möglich ist, wenn die Einsicht besteht, dass Verbesserungen auch notwendig sind.

Abb. 1: Qualitätsverbesserung

2 Organisation einer Pflegeschule

Der Träger, der eine staatlich anerkannte Pflegeschule innerhalb seiner Einrichtungen anbietet, trägt die Gesamtverantwortung für die theoretische und praktische Ausbildung. Damit besteht für ihn die Verpflichtung, die Schüler so auszubilden, dass das Ausbildungsziel, das in § 4 des Krankenpflegegesetzes festgelegt ist, erreicht werden kann. Dazu delegiert der Träger die Gesamtverantwortung für die theoretische und praktische Ausbildung an die Schulleitung.

Verantwortungsbereiche innerhalb einer Pflegeschule: Träger und Schulleitung

Es liegt im Ermessen des Trägers, welcher Berufsgruppe mit welcher Qualifikation die Schulleitung übertragen wird. Nach dem Krankenpflegegesetz § 5 Abs. 2 Satz 1 kann die Schulleitung sowohl von einer/einem Unterrichtsschwester/-pfleger bzw. Lehrer für Pflegeberufe als auch von einer/einem leitenden Schwester/Pfleger bzw. der Pflegedienstleitung wahrgenommen werden.

Auch die Zuordnung der Schulleitung innerhalb der Hierarchie eines Krankenhauses kann von Institution zu Institution unterschiedlich sein. So ist es möglich, dass die Schulleitung dem Direktorium oder der Pflegedienstleitung eines Krankenhauses unterstellt ist. Innerhalb der Marienhaus GmbH sind die Schulleitungen der Geschäftsführung unterstellt. Die Aufgaben- und damit Rollenaufteilung, dass 50 Prozent der Pflegedienstleitung und 50 Prozent der Schulleitung zugeordnet werden, kommt ebenfalls in der Pflegeausbildungslandschaft vor.

Zuordnung der Schulleitung

Unabhängig davon, für welche Schulleitungsstruktur sich der Träger entschieden hat, sind Pflegeschulen in wesentlichen Bereichen von einem externen Management abhängig, also vom Schulträger oder Krankenhausdirektorium. Darum ist die erste und wichtigste Voraussetzung, um Qualitätsbewusstsein zu entwickeln, die Ausbildungsbereitschaft aller Verantwortlichen, also der Lehrer der Schule und des Krankenhausdirektoriums. Nur so kann die Forderung nach Effektivität und Effizienz, nach Qualitätssicherung der Ausbildungsprozesse und deren Ergebnissen als gemeinsames Ziel erkannt und gefördert werden. Eine kontinuierliche Qualitätsverbesserung während der dreijährigen Pflegeausbildung wird nicht erreicht werden, wenn sich die Schulen auf die formale Erfüllung der sich aus der Norm ergebenden Forderungen beschränken, d.h. auf die Einhaltung des Krankenpflegegesetzes und der Ausbildungs- und Prüfungsverordnung.

Ausbildungsbereitschaft aller Verantwortlichen nötig

3 Qualitätsmanagementeinführung an Pflegeschulen

3.1 Warum Qualitätssicherung durch ein Qualitätsmanagementsystem?

Notwendigkeit einer Qualitätssicherung an den Pflegeschulen

Die Situation an den Pflegeschulen kann durch das folgende Gleichnis von Peter M. Senge (1996) beschrieben werden, das er in seinem Buch „Die fünfte Disziplin" in dem Kapitel über Lernhemmnisse in Organisationen am Beispiel des Gleichnisses über den gekochten Frosch darstellt:

„Eine unzureichende Anpassung an allmählich wachsende Überlebensbedrohungen wird so durchgängig als Ergebnis von Systemstudien über scheiternde Unternehmen genannt, dass es das Gleichnis vom ‚gekochten Frosch' hervorgebracht hat. Wenn Sie einen Frosch in einen Topf mit kochendem Wasser setzen, wird er sofort versuchen herauszuklettern. Aber wenn das Wasser Zimmertemperatur hat und Sie den Frosch nicht erschrecken, bleibt er ganz ruhig sitzen. Steht der Topf nun auf einer Wärmequelle und wird die Temperatur allmählich erhöht, geschieht etwas sehr Interessantes. Während die Temperatur von 20 auf 30 Grad Celsius steigt, bewegt sich der Frosch nicht. Er wird tatsächlich alle Anzeichen von äußerstem Wohlbehagen zeigen. Während die Hitze nach und nach zunimmt, wird der Frosch immer schlapper und schlapper, bis er unfähig ist, aus dem Topf herauszukraxeln. Obwohl der Frosch durch nichts daran gehindert wird, sich zu retten, bleibt er sitzen, bis er kocht. Warum? Weil der innere Wahrnehmungsapparat des Frosches auf plötzliche Veränderungen in seiner Umwelt eingestellt ist und nicht auf langsam wachsende Bedrohungen."

Das Verhalten des Frosches ist gerade in den letzten Jahren den Pflegeschulen nicht fremd. Die Parallele zu dem Gleichnis ist leicht herzustellen. Es gab in der Vergangenheit keine ausbildungsrelevanten Inhalts- und Strukturveränderungen, sondern es ist eher eine Neigung zum Abwarten vermittelt worden, die es leicht macht, den Status quo beizubehalten. Warum dann also mit einem Qualitätsmanagement beginnen, wenn es gesetzlich weder gefordert noch der Erfolg einer Qualitätsverbesserung garantiert werden kann?

Forderungen oder Ankündigungen von kommenden Veränderungen der Ausbildungsbedingungen gab es immer wieder, sei es nun eine notwendige Änderung des Krankenpflegegesetzes und der Ausbildungs- und Prüfungsverordnung oder aber die fehlende finanzielle Sicherung der theoretischen Ausbildung. Letztendlich blieben diese Änderungen aber meistens aus. Erwartungen wurden geschürt, Forderungen gestellt, die sich dann doch nicht erfüllten. Jahrelange Vorstöße der Berufsverbände, die Ausbildungssituation gesetzlich zu verändern, scheiterten.

Bis zum heutigen Tag gibt es noch keine gesetzlichen Grundlagen, die die Einführung von Qualitätsmanagementsystemen an Pflegeschulen fordern. Verfolgt man aber die Vorgeschichte der Einführung eines Qualitätsmanagementsystems im Bereich der beruflichen Fort- und Weiterbildung, so lassen sich Parallelen für die Pflegeausbildung erkennen.

„Die Diskussion um die Qualität in der außerschulischen Erwachsenenbildung ist nicht neu. In immer wiederkehrenden Wellen taucht sie regelmäßig mit unterschiedlicher Begrifflichkeit und Zielsetzung wieder auf. Nicht selten steckt hinter der Anfrage nach der Qualität der außerschulischen Bildung ein Zuwendungsgeber der öffentlichen Hand, bedauerlicherweise aber immer nur dann, wenn die Finanzierung problematisch wird ... Die Antwort auf die Fragen („Liegt Qualität vor?") ist damit identisch mit der Entscheidung über eine weitere Bezuschussung. Jedenfalls ist der Hinweis auf eine mangelnde Qualität Vorwand oder Legitimation zur Kürzung/Streichung. Deshalb ist/muss diesen Messgrößen/Standards von den Bildungsträgern und -einrichtungen mit Misstrauen begegnet werden ... Inzwischen sind alle Bereiche der Weiterbildung von dieser Qualitätsdebatte erfasst – sie beschränkt sich also nicht mehr auf den Bereich der beruflichen Bildung" (Leitfaden Qualitätssicherung in Bildungshäusern 1997).

Die Gründe für die Forderungen nach einem Qualitätsmanagementsystem für Pflegeschulen ähneln der damaligen Situation im Weiterbildungsbereich. Bei den gegebenen finanziellen Engpässen im Gesundheitswesen ist es nur noch eine Frage der Zeit, wann die Pflegeschulen aufgrund gesetzlicher Vorgaben ein Qualitätsmanagement umsetzen müssen. Wie die Weiterbildungseinrichtungen werden auch die Pflegeschulen gezwungen sein, ihr inhaltliches und formales Handeln zu systematisieren und durch unabhängige Dritte bestätigen zu lassen, d.h. nachzuweisen, wie sie ihrer Bildungsverantwortung gerecht werden.

Parallelen zum Weiterbildungsbereich

Damit wird in Zukunft dem Nachweis von Bildungsleistung eine Bedeutung zukommen, die über die Ergebnisqualität, wie etwa ein bestandenes Pflegeexamen, hinausgeht. Im Benchmarking von Pflegeschulen vergleichsweise gut abzuschneiden oder nur Ziele und Wirkung belegen zu können, greift zu kurz. Welche Leistungen mit welcher Qualität Pflegeschulen innerhalb ihrer Ausbildung anbieten, muss aufgrund zukünftiger Anforderungen im Pflegebereich deutlicher aufgezeigt werden; dies nicht zuletzt, um bei immer engeren finanziellen Ressourcen die Existenz der eigenen Schule zu legitimieren.

Umfassender Nachweis der Bildungsleistung

„Die Bereitschaft, die eigenen Produkte und ihre Produktion ständig zu verbessern und die Fähigkeit zur Selbsterneuerung werden zu Topthemen der Unternehmensführung: Das bedeutet für die beteiligten Personen, nicht nur im bestehenden System zu arbeiten, also die Dinge, so wie sie sind, einfach hinzunehmen, sondern die Abläufe laufend infrage zu stellen und damit regelmäßig auch am System selbst zu arbeiten. Und das wiederum führt letztlich zu einer radikalen Erweiterung der Selbstverantwortung. Das Denken bleibt nun also auch auf der Arbeitsebene nicht mehr den Stabs- oder Führungskräften überlassen, sondern die Organisation soll sich durchgehend selbst reflektieren und entwickeln. Speziell die Mitarbeiter an der Basis sollen permanent nachdenken, Ideen überprüfen, vergleichen, generieren und diskutieren sowie Knowhow und Kompetenzen entwickeln, um Abläufe zu optimieren, aktuelle

Probleme zu lösen und Lösungsideen für zukünftige Problemstellen aufzubauen" (DOPPLER 2002).

Mögliche Zielsetzungen eines Qualitätsmanagementsystems

Zusammenfassend kann festgestellt werden, dass ein Qualitätsmanagementsystem grundsätzlich folgenden Zielsetzungen dienen kann:

- Erreichung der festgelegten Qualitätsziele durch Strukturen,
- Qualitätssteigerung in der Ausbildung,
- verbindliche Festschreibung der Werte eines Unternehmens in den Arbeitsabläufen einer Pflegeschule, damit die betriebswirtschaftlichen Gesichtspunkte nicht überbewertet werden,
- abschließende Zertifizierung aus Marketinggründen,
- Nachweislegitimation für Arbeitsabläufe in Pflegeschulen,
- Kostenreduzierung durch gezielte Strukturveränderungen.

Definition des Begriffes Qualitätsmanagement

Alle Tätigkeiten des Gesamtmanagements, die im Rahmen des Qualitätsmanagementsystems

- die Qualitätspolitik,
- die Ziele und das Qualitätsmanagement-System,
- die Verantwortungen

festlegen sowie diese durch Mittel wie

- Qualitätsplanung,
- Qualitätslenkung,
- Qualitätssicherung/Qualitätsmanagement-Darlegung und
- Qualitätsverbesserung

verwirklichen.

Qualitätsmanagement ist die Verantwortung aller Ausführungsebenen, muss jedoch von der obersten Leitung angeführt werden. Ihre Verwirklichung bezieht alle Mitglieder der Organisation ein.

(aus DIN EN ISO 8402/8.95)

Prozessbeschreibungen als integraler Teil der Arbeit

Um Akzeptanz und Motivation bei der Einführung des Qualitätsmanagementsystems zu erhöhen, ist es sinnvoll, die Prozessbeschreibungen als integralen Teil professioneller Arbeit und nicht als Nachweiskriterium oder sogar als Kontrolle der Arbeit zu verstehen. Wenn die Ausbildungsverantwortlichen in Schule und Praxis den Eindruck haben, dass ein Qualitätsmanagementsystem mehr zur Legitimation des wachsenden Spardrucks dient als zur Qualitätssteigerung und -sicherung, so werden ihre Einsatzbereitschaft und ihre Motivation für das Projekt über den notwendigen Pflichtteil nicht hinausgehen. Da aber Qualitätsmanagement ein kontinuierlicher Prozess ist und daher ständiges Engagement für die Sache erfordert, soll den Schulteams genügend Zeit eingeräumt werden, um sich mit dem Ziel und den Aufgaben auseinanderzusetzen.

3.1 Warum Qualitätssicherung durch ein Qualitätsmanagementsystem?

Die Definition des Begriffes zeigt, dass ein Qualitätsmanagementsystem als Instrument zu verstehen ist. Es darf nicht sofort mit Qualität gleichgesetzt werden. Es kann als Hilfsmittel eingesetzt werden, um Handlungen und Entwicklungen gezielt zu planen und zu steuern, sodass die einzelnen Durchführungsschritte nachvollziehbar sind. Qualitätsplanung legt fest, was im konkreten Fall unter Qualität zu verstehen ist. Ein Soll-Ist-Vergleich zeigt dann auf, wo Schwachstellen liegen, die umgehend angegangen werden müssen. Qualitätslenkung schafft die Möglichkeit, durch kontinuierlich eingesetzte Reflexionsschleifen die Qualitätsfähigkeit des Ausbildungsverlaufes zu gewähren, indem in die einzelnen Prozessschritte gezielt eingegriffen wird. Dokumentierte Handlungsabläufe lassen sich leichter auswerten und sichern. Rechtzeitige Fehlererkennung bzw. -vermeidung kann eine zukünftig geforderte Qualität eher garantieren.

Qualitätsmanagement und Qualität

Damit wird der unsichere Boden des steten Reagierens mit zweifelhaften, unklar vorhersehbaren Ergebnissen zu Gunsten des Agierens verlassen. Die Güte, der Wert als Qualitätsdefinition, bekommt damit einen Stellenwert: Zum einen werden den Pflegeschülern während ihrer dreijährigen Ausbildung die Leistungen angeboten, die sie zu einem Abschlussexamen benötigen. Zum anderen erhalten sie durch die Transparenz, die durch die Beschreibungen der gesamten Ausbildungsprozesse entsteht, die Möglichkeit, an ihrer Ausbildung mitzuwirken.

Qualität

Definitionen: „Güte, Wert" (Duden)
„Qualität ist das Anständige" (Th. Heuss)
„Beschaffenheit einer Einheit bezüglich ihrer Eignung, festgelegte und vorausgesetzte Erfordernisse zu erfüllen" (DIN 55350)

Qualitätsfähigkeit

ist die Fähigkeit des Unternehmens, Qualitätsziele und Qualitätsanforderungen des Marktes über alle Phasen der Aufgabenerfüllung zu erreichen

Qualitätsvorsprung

hat Vorrang vor Kostenführerschaft

Abb. 2: Unterschiedliche Blickrichtungen

Die Anforderungen, die der Erwartung entsprechen, es sollen möglichst keine Mängel innerhalb der Ausbildung auftreten, können als Qualität bezeichnet werden. Bei der relativen Qualität erfolgt ein Vergleich mit anderen Pflegeschulen.

Objektive und subjektive Qualitätsinhalte

Letztendlich ist Qualität also keine objektive Kategorie, die von allen mit gleichem Ergebnis gemessen werden könnte. Sicher gibt es in der Pflegeausbildung objektiv messbare Eigenschaften. In Pflegeschulen wären das vielleicht Notengebung, festgeschriebene Ergebnisse oder sogar das Examen nach der dreijährigen Ausbildung. Darüber hinaus gibt es aber noch viel mehr subjektive Bewertungen aus der Sicht der verschiedenen Ausbildungsnutzer (Kunden) – unter immer stärker werdender Berücksichtigung der Kosten.

„Die Bestimmung objektiver Qualitätsmaßstäbe bedarf daher unbedingt gesonderter Anstrengungen, um die Kundenperspektive hinreichend fassen zu können – eine Lücke, die durch die Berücksichtigung von subjektiv wertgeschätzten Qualitätsmerkmalen zu schließen ist. Qualität ist als Befriedigung der Kundenerwartungen hinsichtlich der Produkteigenschaften zu begreifen und wendet sich damit insbesondere gegen die Idee der Standardisierbarkeit von Qualitätsmerkmalen. Infolgedessen wird auch das Zusammenspiel von Wahrnehmung und objektiven Qualitätseigenschaften zum zentralen Ansatzpunkt" (BRAUN/KOCH 2002).

Wenn Qualität sowohl objektive als auch subjektive Faktoren beinhaltet, die bei der Umsetzung des Qualitätsmanagements problematisch werden können, bedarf es der kritischen Beurteilung und Bewertung, bevor von „guter Qualität" gesprochen werden kann. Vorsicht ist anzuraten, zu schnell und zu selbstbewusst von Qualitätsführerschaft zu sprechen. Um sich den Status „gute Qualität" auf die Fahne schreiben zu können, braucht es mehr als ein Qualitätsmanagementsystem.

Qualität als Prozess

Es fällt schwer sich vorzustellen, dass diese unterschiedlichen Auffassungen von Qualität so aufeinander abgestimmt und in Einklang gebracht werden können, dass ein einheitlicher Qualitätsbegriff entsteht. Mit einer solchen Sichtweise muss Qualität als Prozess verstanden werden, der nur dann erfolgreich ist, wenn alle Beteiligten in ständiger Kommunikation, Interaktion und Evaluation zusammenwirken. Darum wird ein wesentliches Bestimmungsmerkmal der Qualität die Bereitschaft und Zufriedenheit der Mitarbeiter mit dem praktizierten Qualitätsmanagementsystem sein. Mitarbeiter erkennen, dass es ihnen hilft, sich einen Überblick über bestehende Strukturen, Prozessabläufe und erzielte Ergebnisse zu verschaffen. Denn damit erhalten sie die Chance, diese in Eigenverantwortung zu gestalten. Erst die Bestimmung und Dokumentation aller Prozessabläufe innerhalb der dreijährigen

Tab. 1: Qualitätsförderung

Bisher	In Zukunft
Reaktion bei Abweichungen	Umfassende Fehlerbehandlung
Durchschnittliche Fehlerraten	Permanente Verbesserung
Der bestehende Zustand gilt als beherrscht	Der bestehende Zustand wird in Zweifel gezogen
Prozesslenkung auf der Basis „Status quo"	Ständige Prozessverbesserung (Präventivmaßnahmen)

Pflegeausbildung schafft Transparenz. Entscheidend ist, dass der bestehende Zustand nicht als beherrscht gilt, sondern dass er ständig in Zweifel gezogen wird, um damit auch Veränderungen möglich zu machen.

Beim Vorstellen von Qualitätsmanagementsystemen begegnet man häufig dem Einwand, wozu das nötig ist, da man doch schon immer die Qualität sicherstelle. Dabei werden Aus-, Fort- und Weiterbildungsmaßnahmen als Qualitätssicherungsmaßnahmen angeführt. Qualitätssicherung findet tatsächlich seit Jahren statt. Qualitätssicherung kann aber nur als Teil des Qualitätsverständnisses, nämlich für die Pflegeschulen als Endkontrolle bzw. Endprüfung/Abschlussprüfung, verstanden werden. Sie gibt nur Auskunft über das Ergebnis am Ende eines Prozesses, nicht über den Prozess selbst. Ein guter oder schlechter Abschluss sagt noch nichts aus über den Prozessverlauf, den Vorgang, der zu dem Ergebnis geführt hat. Außerdem lässt das Ergebnis auch keine Aussage hinsichtlich der Gütekriterien für die Zukunft zu. Die derzeit vorhandene Qualitätssicherung beinhaltet nicht die umfassende Gesamtheit der Tätigkeiten des Qualitätsmanagements wie Qualitätsplanung, Qualitätslenkung und Qualitätsprüfung. Allerdings hat sich im deutschen Sprachraum der Begriff „Qualitätssicherung" als umfassendes Qualitätsmanagement nach der DIN 55 350 durchgesetzt.

Umfassendes Qualitätsmanagement

Doch gerade im Pflegebereich lässt sich eine schlecht durchgeführte Pflegeverrichtung nicht durch Rückrufaktionen korrigieren. In dem Moment, in dem die Pflegemaßnahme verrichtet wurde, ist ihre Qualität festgelegt. Darum kann Qualität sich nicht nur auf eine Qualitätssicherung als Endprüfung beschränken. Benötigt werden neben der Fachkompetenz, die durch das Krankenpflegegesetz und die Ausbildungs- und Prüfungsverordnung am Ende der dreijährigen Pflegeausbildung vom Schüler verlangt wird, differenzierte Kriterien zur Beurteilung der Personal- und Sozialkompetenz. Diese Kompetenzbewertungen lassen sich nur mittels detaillierter Prozessbeschreibungen festhalten. Eine festgelegte Zeitstruktur, anhand derer Bewertungsgespräche geführt, Beurteilungsbögen eingefordert oder eventuell Patienten hinsichtlich ihrer Zufriedenheit befragt werden, kann als Bewertungsmaßstab mit einbezogen werden. Damit lassen sich Personal- und Sozialkompetenz von Pflegeschüler ebenso einschätzen wie Engagement und Einsatzbereitschaft.

Erwerb von Kompetenzen

Komplexität und Dynamik sind in den Pflegeschulen in den letzten Jahren gewachsen. Gründe dafür sind unter anderem der Wertewandel in unserer Gesellschaft, der Übergang vom quantitativen zum qualitativen Wachstum, aber auch die ständig steigende Informationsflut sowie die wachsende Komplexität und Dynamik in der Ausbildungslandschaft. Der Schulalltag zeigt, dass bei dieser wachsenden Komplexität kaum noch die nötige Anpassungszeit vorhanden ist, um darauf adäquat reagieren zu können. Spontane Reaktionen anstelle von geplantem Agieren sind an der Tagesordnung. Neben den alltäglichen Anforderungen in den Pflegeschulen nimmt die Beratung und Begleitung der Schüler einen immer größeren Stellenwert ein. Diese wird mittels Beratungsgesprächen und Hilfsangeboten durch das Schulteam geleistet. Die privaten und ausbildungsbedingten Belastungen der Schüler zeigen sich verstärkt in Konzentrations- und Lernschwierigkeiten mit steigender Tendenz.

Wachsende Komplexität im Schulbereich

Neben den Arbeitsanforderungen im Schulbereich wird der Druck auf das Schulteam durch den Rückgang von Bewerbern immer höher. Verstärkte Werbungsaktivitäten sind nötig. Informationsveranstaltungen in allgemeinbildenden Schulen, Veranstaltungen zur Darstellung des Pflegeberufes in der eigenen Schule („Haus der offenen Tür"), Begleitung von Pflegepraktikanten im Krankenhaus usw. gehören heute mehr denn je zu den Arbeitsschwerpunkten der Lehrer im Schulalltag. Der Bewerberrückgang für den Pflegeberuf bedeutet darüber hinaus, das Engagement in der Pflegeausbildung noch zu intensivieren. So erhöht sich auch der Anspruch, die engagierten, patientenorientierten Schüler, die eine Pflegeausbildung beginnen, qualitativ so gut auszubilden, dass sie den höheren Anforderungen in der zukünftigen Pflege gerecht werden.

Doch die aufgezählten Tätigkeitsfelder im Schulbereich sind damit noch nicht komplett. Pflegeunterricht ist mit Unterrichtsfächern in Berufsschulen schwer vergleichbar. Lehrer der Pflegeschulen müssen sich z. B. über die Entwicklungen im Gesundheitswesen, über die gesetzlichen Bestimmungen im Bildungs- und Krankenhausbereich, über Erkenntnisse der Pflegeforschung in allen vorhandenen Medien informieren, sie bewerten und sie gegebenenfalls in den Ausbildungsverlauf zu integrieren. Das sind Anforderungen, die über die originäre Lehrtätigkeit hinausgehen und mit hohem Zeitaufwand bewältigt werden. Sie werden aber selten in Tätigkeitsprotokollen registriert.

Dokumentation der Prozesse als Hilfestellung

Es gibt im Verlauf der dreijährigen Pflegeausbildung eine Fülle von Tätigkeiten, deren Ablauf nicht immer vorhersehbar und somit standardisierbar ist. Dennoch werden viele Tätigkeiten in ihrer Struktur immer wiederkehren. Es ist davon auszugehen, dass durch eine dokumentierte Prozessbeschreibung mit anschließender Evaluation bei vielen Routinetätigkeiten der Ablauf reibungsloser gestaltet und damit effektiver werden kann. Es gibt Tätigkeiten, die hochkomplexes fachliches Handeln erfordern (z. B. Beratungsgespräche, Konfliktgespräche). In der Prozessdarstellung ist es daher wichtig, die Frage herauszuarbeiten, wie und was gemacht wird und welche Möglichkeiten zur Verfügung stehen, dass das Wie des Handelns kommunizierbar wird. Eine Standardisierung der Arbeitsabläufe ist nicht möglich. Es müssen aber Qualitätsstandards formuliert werden, um eine Erfolgsbewertung und Verfahrensverbesserung zu gewährleisten. Damit wird deutlich, dass dokumentierte Qualitätsprozesse, die das Gesamtspektrum aller anfallenden Aufgaben innerhalb der theoretischen und praktischen Pflegeausbildung umfassen, unerlässliche Bedingungen einer konsequenten und entwicklungsorientierten Schulpolitik sind.

Schnittstellen innerhalb der Pflegeausbildung

Den gesamten Ausbildungsablauf in Struktur-, Prozess- und Ergebnisqualität zu unterteilen, kann zunächst wichtige interne und externe Schnittstellen innerhalb der Pflegeausbildung transparent machen. Wenn diese wesentlichen Prozesse beschrieben sind, werden vor- und nachgeschaltete Arbeitsabläufe sichtbar, die nach erfolgter Bearbeitung und Dokumentation mittels Verfahrensanweisung letztendlich alle Tätigkeiten einer dreijährigen Pflegeausbildung beschreiben.

In der Pflegeausbildung besteht die Notwendigkeit, Prozessverantwortung weiterzugeben an andere Kollegen (wie z. B. die Schulleitung an Lehrer für Pflegeberufe oder die Stationsleitung an den Mentor). Kon-

Strukturqualität	Prozessqualität	Ergebnisqualität
Leitbild des Unternehmens ↓ Pflegeleitfaden ↓ Ausbildungsleitfaden	• Führungs- und Leitungsverhalten der Ausbildenden in Theorie und Praxis	Beobachtung und Bewertung der Schüler im Hinblick auf: • Sozialkompetenz + Informationsbereitschaft + Kooperationsbereitschaft + Teamverhalten
Verhältnis: Schüler – Lehrer Schüler – Pflegepersonal Schüler – Praxisanleiter Schüler – Mentor	• Umgang mit dem theoretischen und praktischen Curriculum • Förderung der sozialen Kompetenz der Schüler – im Unterricht – am Praxisort	• Fach- und Methodenkompetenz + Wirksamkeit + Sicherheit im Pflegeverhalten
• Qualifikation der Ausbilder • Raumausstattung/Medien der Schule • Auswahlkriterien der Auszubildenden • Klassengröße pro Kurs • Curriculum für die theoretische Ausbildung • Curriculum für die praktische Ausbildung • Anleitungsstandard • Lernangebote der Einsatzorte • Entwickeln von Leitfäden	• Vermittlung von fördernden Lehr- und Lernformen • Kommunikations- und Informationsverhalten zwischen Theorie und Praxis • Fehlerkultur • Mitgestaltungskultur • Konfliktmanagement	• Persönlichkeitskompetenz + Einstellung zur Professionalität in der Pflege • Ethische Kompetenz

Tab. 2: Struktur-, Prozess- und Ergebnisqualität

fliktgespräche, Beurteilungsgespräche auf den Stationen oder eine Umverteilung des Unterrichts wegen ausgefallener Dozenten müssen reaktiv entschieden und durchgeführt werden. Diese Arbeitsbereiche stellen interne Schnittstellen dar. Interne Schnittstellen sind potenzielle Problemstellen, an denen am ehesten Übertragungsfehler, Verzögerungs- oder Kommunikationsprobleme auftreten. Wichtig ist daher, die Komplexität durch die Verringerung und Entflechtung von Schnittstellen zu reduzieren. Die Qualität der Arbeitsabläufe hängt weitgehend davon ab, wie gut die Kommunikation und Kooperation an den Schnittstellen funktioniert. Es wird sicherlich nicht möglich sein, alle Arbeitsabläufe und Prozesse in einer Einrichtung auf ideale Weise durchzuführen. Wichtig ist aber, dass die Schlüsselprozesse, also besonders kritische Schnittstellen mit hoher Außenwirkung, analysiert und beschrieben werden. Diese legen fest, wie in welcher Situation reagiert werden soll.

Beispielsweise geht es bei Absprachen als ein Beispiel aus der Strukturqualität darum, wie mit Bewerbungsunterlagen umgegangen wird, vom Eingang der Unterlagen bis zur Entscheidung über Absage oder Zusage.

Beispiele für Struktur-, Prozess- und Ergebnisqualität

Im Rahmen der Prozessqualität wäre ein wichtiger Bereich das Konfliktmanagement. Wie wird mit Beschwerden von Schülern, Mitarbeitern und Patienten im Krankenhaus verfahren? Welcher Entscheidungsspielraum steht dem Handelnden zur Verfügung? Mit welchen Sanktionen hat der Handelnde bei Fehlentscheidungen oder Pflegefehlern zu rechnen bzw. welche „Fehlerkultur" besteht? Mitarbeiter müssen wissen (und nicht nur erahnen), wie auf Fehlverhalten im Unternehmen Pflegeschule und Krankenhaus agiert bzw. reagiert wird.

Im Rahmen der Ergebnisqualität sind mündliche und schriftliche Bewertungen in der theoretischen Ausbildung sowie von den praktischen Ausbildungsstätten zu nennen. Wann und wie sollte ein Beurteilungsgespräch geführt werden? Wer soll es führen? Welche Kriterien können für eine Leistungsbemessung herangezogen werden? Besonders in der Unterscheidung zwischen Theorievermittlung in der Schule und praktischer Ausbildungstätigkeit, also internen und externen Schnittstellen, ist es von Bedeutung, die einzelnen Prozesse in Theorie und Praxis differenziert zu definieren und zu beschreiben. Damit wird dem Schüler ein Handlungs- und Kompetenzrahmen mit auf den Weg gegeben, der ihm für die praktische Arbeit auf den Stationen und Funktionsbereichen Orientierung und Sicherheit vermittelt, sowohl in der Pflegetätigkeit mit den Patienten als auch im Umgang mit den Praxisanleitern, mit den Mentoren und dem Pflegepersonal. Dies ist auch deshalb wichtig, weil Schulen nicht immer über alle betrieblichen Abläufe umfassend informiert sind. Sie sind häufig nicht einmal über Pflegeentscheidungen oder Einsatzplanänderungen des Krankenhausmanagements in Kenntnis gesetzt worden.

Gezielte praktische Ausbildung gerät wegen immer häufigerer Personalengpässe völlig aus dem Blick, sodass die Auszubildenden ihre praktische Ausbildung oftmals eher als Arbeitsort denn als Ausbildungsort erfahren. Um Ausbildungsmöglichkeiten ausschöpfen zu können, müssen Schüler ihren Handlungs- und Kompetenzrahmen kennen, damit sie in Eigenverantwortung ihre Ausbildung mitgestalten können. Die Gegenwart in der derzeitigen Pflegeausbildung zeigt, dass eine kontinuierliche Evaluation dringend erforderlich ist. Ständige Reflexionen sind nötig, etwa mit der Fragestellung, welche Anforderungen bewältigt werden müssen, um die Unternehmensziele und damit die Bildungsziele zu erreichen.

Qualitätsmanagement als Prozess der Qualitätsverbesserung und Selbstevaluation

Qualitätsmanagement sollte daher in erster Linie als Konzept der Qualitätsverbesserung und Selbstevaluation verstanden werden, das den Schwerpunkt auf die Formulierung von Zielen und die Verbesserung einer prozessorientierten Arbeitsweise legt, mit der diese Ziele erreicht werden sollen. Dabei wird es aber genauso wichtig sein, über Grundsatzentscheidungen zu diskutieren, so zum Beispiel über die Fragen: Kann die Ausbildung in der Schule oder dem Krankenhaus so weiterlaufen wie bisher? Wo sind Änderungen vonnöten? Was soll beibehalten werden, weil es sich erfolgreich bewährt hat?

Wichtig für Qualität wird in Zukunft sein, wie gut die Pflegeschulen eine Ausbildung vermitteln, die Patienten schließlich die Pflegequalität anbietet, die sie erwarten. Das bedeutet, dass die Umsetzung und konsequente Durchführung von Qualitätsmanagement sich nicht nur mit den einzelnen Arbeitsabläufen und ihrer Verbesserung beschäftigen kann. Der Erfolg eines Qualitätsmanagements wird letztendlich daran gemessen, inwieweit eine systematische, strukturierte Aufbau- und Ablauforganisation eine Ausbildungsqualität garantiert, die eben den Dienstleistungsanspruch gewährleistet, den ein Krankenhaus anbieten muss.

- Schaffung einer Aufbau- und Ablauforganisation
- Analysieren und Entwickeln von Prozessen
- Qualifikation von Mitarbeiter und Mitteln
- Regelung von Zuständigkeiten, Verantwortungen und Befugnissen
- Dokumentationspflicht bis zur höchsten Leitungsebene
- Beherrschung von Risiken und Wirtschaftlichkeit
- Vorbeugende Maßnahmen zur Vermeidung von Qualitätsproblemen

Abb. 3:
Sinn und Zweck eines Qualitätsmanagementsystems nach DIN ISO 9000 ff.

Qualitätsmanagement ermöglicht, die Qualität in einer Pflegeschule zu verbessern, indem sich zunächst einmal alle Beteiligten mittels Beschreibung einer Aufbau- und Ablauforganisation Klarheit über Schwachstellen in den Arbeitsabläufen verschaffen. Durch die Transparenz der Arbeitsabläufe kann entschieden werden, welche Lösungen die Komplexität reduzieren können.

Beschreibung der Aufbau- und Ablauforganisation

Erfüllt das Qualitätsmanagementsystem die oben angegebenen Kriterien, so liegt der Grundgedanke von Qualitätsmanagement auch darin, dass in dem Konzept partizipative Aushandlungsprozesse zwischen den Mitarbeitern der Pflegeschulen und dem Krankenhaus einerseits und den Schülern in der Ausbildung andererseits möglich werden. Qualitätsmanagement würde damit nicht nur der Schule Vorteile verschaffen, sondern kann auch das Ziel verfolgen, unterschiedliche Interessen und Gegenbewegungen zu reduzieren oder gar zu beenden, um die Ausbildungssituation besser zu koordinieren. Zwangsläufig werden damit auch traditionelle Machtstrukturen berührt und infrage gestellt.

Aushandlungsprozesse

Qualitätsmanagement wird kontinuierliche Veränderungen nach sich ziehen. Doch dürfen diese nicht umgehend erwartet werden; Erfolge, gleich welcher Art, stellen sich nicht sofort ein. Wenn den Beteiligten nicht die Zeit bleibt, Prozesse zu entwickeln und dabei zu erleben, wie Veränderungsschritte durch persönliche Einflussnahme möglich werden, so wird der erzeugte Leistungsdruck dazu führen, das Ziel eines Qualitätsmanagements zu verfehlen.

Zeitbedarf

3.2 Welche Voraussetzungen müssen geschaffen werden?

Messinstrumente zur quantitativen und qualitativen Bewertung

Den Pflegeschulen liegen vielfältige Aufzeichnungen, Formulare und Dokumente vor, nach denen sich die theoretische und praktische Ausbildung richtet. Es fehlen aber bislang, zumindest in Teilen, differenzierte Aufbau- und Ablauforganisationen über den gesamten Ausbildungsverlauf. Immer dringender werden daher Messinstrumente zur quantitativen und qualitativen Bewertung in der Pflegeausbildung benötigt, damit Maßnahmen des Qualitätsmanagements strukturiert und differenziert umgesetzt werden können. Ziel sollte es dabei sein, nach einer selbstkritischen Bestandsaufnahme mit allen Verantwortlichen in der Ausbildung Vereinbarungen zu treffen, um die Struktur-, Prozess- und die Ergebnisqualität zu sichern.

Struktur-, Prozess- und Ergebnisqualität

Strukturqualität bezieht sich auf die gesamte Ausstattung einer Einrichtung, d.h. auf die Ausstattung mit Räumen, Lehrplänen, Organisationsplänen und Sachmitteln. Darüber hinaus bezieht sie sich aber auch auf die Anzahl und Qualifikation der Lehrer für Pflegeberufe, der Ausbilder in der Praxis und auf die Ausbildungsvoraussetzungen der Auszubildenden. Mit Prozessqualität sind alle Eigenschaften oder Aktivitäten gemeint, die dazu beitragen, ein Ziel innerhalb der theoretischen und praktischen Pflegeausbildung zu erreichen. Ergebnisqualität bezieht sich auf den erreichten Zustand, z. B. gute Klausurnoten innerhalb der theoretischen Ausbildung oder eine professionell durchgeführte Pflegeverrichtung innerhalb der praktischen Ausbildung.

Qualitätssicherung erfordert neue Lernangebote

Daher ist zu überlegen, welche Schritte in Richtung Qualität vorab gegangen werden müssen, um eine Ausbildung so zu gestalten, dass im Anschluss daran keine aufwändige Nachbesserung im Sinne von Fort- und Weiterbildungen mehr nötig ist. Die Lernorte Pflegeschulen und Krankenhaus müssen sich dieser Herausforderung mit veränderten und neuen Lernangeboten stellen. Sie müssen dabei sicherlich auch ihre jeweiligen Aufgaben neu gewichten. Das beinhaltet beispielsweise, dass Wissensvermittlung und Persönlichkeitsbildung zusammen gesehen und stärker miteinander vernetzt werden. So muss soziales Lernen untereinander, mit den Mitarbeitern der Arbeitsbereiche im Krankenhaus, mit den Patienten sowie den Mitschülern gezielt gefördert werden.

Anwendungsorientiertes Lernen

In der theoretischen Ausbildung muss anwendungsorientiertes Lernen den traditionellen Lernbegriff ablösen, bei dem ein fester, geschlossener Wissenskanon und ein straff organisierter Unterrichtsplan im Vordergrund stehen. Es wird damit erreicht, dass auf jeder Ebene im Unterrichtsgeschehen Gelegenheit zur Reflexion von Praxiserfahrungen besteht. Das Bearbeiten von Fallbeispielen aus der beruflichen Praxis, betrachtet unter biologischen, medizinischen, pflegerischen, psychologischen, soziologischen und ethischen Gesichtspunkten, kann hilfreich sein, um Kenntnisse und Methoden zu erwerben und damit eine Sicherheit zu erreichen, die die Autonomie der Schüler in den pflegerischen Handlungen fördert. Für die praktische Ausbildung bedeutet anwendungsorientiertes Lernen, dass Handlungsorientierung nicht mit praktischem Tun und dem Erlernen von Handgriffen und Techniken gleichgesetzt werden darf. Das Lernen des Lernens darf in der Hektik des Alltags nicht auf der Strecke bleiben. Das Lernen am Arbeitsplatz muss den Stellenwert erhalten, der ihm angesichts der geforderten Qualifikationen zukommt.

Die Lernorte Schule und Krankenhaus, die im Sinne der fachlichen, sozialen, personalen und ethischen Kompetenz partnerschaftlich zusammenwirken, bedürfen gemeinsam festgelegter Zielvereinbarungen. Bisheriges Abteilungsdenken muss einer bereichsübergreifenden Kommunikation weichen, wenn vereinbarte Ziele erreicht werden sollen. Dazu bedarf es der Bereitschaft, Veränderungen zu akzeptieren und das nötige Qualitätsbewusstsein aufzubauen. Die Ausbildenden in den Krankenpflegeschulen und im Krankenhaus müssen sich selbst als Lernende verstehen und folglich offen für Veränderungen und bereit sein, neue Wege zu gehen.

Bereichsübergreifende Kommunikation

Wichtig ist, Messinstrumente zu finden, die ein wesentliches Kriterium erfüllen: Qualität und Ökonomie so miteinander zu verbinden, dass sich alle Beteiligten – Lehrerteams der Pflegeschulen wie Direktorien der Krankenhäuser – mit ihren Fragen und Verantwortlichkeiten wieder finden. Eine große Hilfe ist das Leitbild eines Unternehmens. Die Qualität von geforderten Bildungsaufgaben hängt entscheidend von der Philosophie des Unternehmens ab. Sind in einer Unternehmensphilosophie keine normierten und damit verbindlichen Bildungsziele für Pflegeschulen festgeschrieben, dann bleibt es letztlich unbestimmt, was anzustreben, was als Mindeststandard anzusehen ist und was man bereit ist, für Qualität zu investieren.

Bedeutung des Unternehmensleitbildes

Qualität philosophisch definiert hat der erste Bundespräsident, Prof. Dr. Theodor Heuss, bereits 1951: „Qualität ist das Anständige." Diese Sicht gibt dem Qualitätsbegriff eine andere Dimension, einen anderen Wert. Sie zeigt, dass Qualität etwas mit ethischen Grundhaltungen und gegenseitigem Vertrauen zu tun hat und stellt damit ein wichtiges Element der Wertorientierung dar. Von einer positiven Umsetzung kann erst gesprochen werden, wenn ein umfassendes Qualitätsmanagementsystem auch menschenfreundlich ist, weil es Mitarbeiter einbezieht statt nur zu fordern und sie zu übergehen. Nur bei innerer Überzeugung und Übereinstimmung der Mitarbeiter mit den Unternehmenszielen bzw. Qualitätszielen ist eine Umsetzung erfolgreich. Gelingt es nicht, die Ausbildungsverantwortlichen für Qualitätsmanagement zu motivieren, werden alle Versuche, eine bessere Qualität zu erreichen, z. B. durch finanziellen oder gesetzlichen Druck, scheitern.

Die ethische Dimension im Qualitätsbegriff

Ein Qualitätsmanagement, das das Organisieren von Qualität und nicht die Qualität selbst in den Vordergrund stellt, wird wohl kaum mit Engagement und Innovation von den Mitarbeitern in den Pflegeschulen und den Ausbildungsverantwortlichen in der Praxis unterstützt. Auch die Forderung nach einem Qualitätsmanagement, das überwiegend unter ökonomischen Gesichtspunkten betrachtet wird, erzeugt mehr Widerstand als Zustimmung.

Gerade die Umsetzung eines Qualitätsmanagements im Bildungsbereich erfordert andere Gesetzmäßigkeiten als im Krankenhaus. Bildung voll-

Messung der Ausbildungsqualität schwierig

zieht sich immer unter ökonomischen Rahmenbedingungen, was andererseits aber nicht den Schluss gestattet, dass Bildung ein ökonomisches Gut ist. Bildungsaufgaben sind Investitionen, die sich nicht wie in anderen Bereichen des Krankenhauses durch eine Rentabilitätsberechnung in Geldwerten ausdrücken lassen. Im Bildungsbereich kann nicht mit den gleichen Maßstäben gemessen werden wie in anderen Fachbereichen im Krankenhaus. Pädagogik entzieht sich schon immer jeder Messbarkeit. Qualität in der Ausbildung wird wesentlich durch Interaktionen zwischen Lehrern und Schülern im Unterrichtsprozess bestimmt. Sicher gibt es auch im Bildungsbereich objektive, messbare, normierte Maßstäbe. Doch überwiegend geht es um sehr viele subjektive Maßstäbe, die einzig aus der Sicht des Nachfragers definiert und als Qualität bewertet werden.

Qualitätsmerkmale in der Pflegeausbildung

Es wird schwierig sein, für die Bildungsarbeit Qualitätsmerkmale zu beschreiben, weil Qualität nicht als eine absolute, unveränderte Größe betrachtet werden kann. Da Qualität sich nicht selten aus der Übereinstimmung zwischen Erwartungen und der tatsächlich erbrachten Leistung ergibt, ist es schwer, wenn nicht unmöglich, den Erwartungen der verschiedenen Personengruppen mit sehr unterschiedlichen Interessen zu entsprechen. Die Anforderungen der unterschiedlichen Nachfrager an Ausbildung zufrieden zu stellen, bedeutet daher mehr als nur Prüfungen zu bestehen. Es geht um die Erfüllung moderner Qualitätskriterien einer zukunftsorientierten ganzheitlichen Menschenbildung mit der dazu notwendigen Individual-, Sozial- und Fachkompetenz.

„Das KundInnenurteil als entscheidender Maßstab erscheint mir aber selbst dann als unzureichend, wenn man davon ausgeht, dass im Gesundheits-, Bildungs- und Sozialbereich die Institutionen nicht nur einen KundInnenkreis haben, sondern mehrere KundInnenkreise zufrieden stellen müssen. Diese KundInnen oder diese NutzerInnen haben be-

Abb. 4: An Qualität interessierte Personengruppen und Organisationen

kanntlich sehr unterschiedliche Interessen, denkt man z. B. an den Staat als Zahlmeister, die TrägerInnen als AnbieterInnen und schließlich die KlientInnen als NutzerInnen der Angebote mit ihren eigenen Erwartungen" (OLK 1999).

Auch innerhalb dieser Nutzer gibt es Differenzen. Erwartungen und Vorstellungen über eine qualifizierte Pflegeausbildung können zwischen dem Auszubildenden, der Pflegedienstleitung des Krankenhauses, den Patienten, der Öffentlichkeit so weit auseinander liegen, dass eine Orientierung an solchen Außenerwartungen als Grundlage für die Formulierung von Qualitätskriterien zu kurz greift. Die durchaus höchst unterschiedlichen Erwartungen der verschiedenen Anspruchsgruppen zeigen oftmals ein Konkurrenzverhalten, wenn es zu einem inhaltlichen, zeitlichen und finanziellen Klärungsaustausch über Sichtweisen in der Ausbildung kommt. Eine Qualitätsentwicklung kann nur gelingen, wenn alle, die mit Erwartungen an Ausbildung herantreten, diese explizit formulieren, damit die Schulleitung die Bildungsanforderungen kennt, sie diskutieren, aushandeln und in den Ausbildungsentwicklungsplan mit aufnehmen kann. Damit dies möglich ist, wird eine detaillierte Prozessbeschreibung aller Ausbildungsabschnitte benötigt, wobei die Ausrichtung der zu beschreibenden Qualitätskriterien auf einer fachlich begründeten und ausgewiesenen Bewertung beruhen sollte, um die erforderliche Transparenz herzustellen.

Formulierung der unterschiedlichen Erwartungen

3.3 Welches Qualitätsmanagement ist das Richtige?

Jeder Träger bzw. jede Pflegeschule wäre falsch beraten, wenn ein bestimmtes Qualitätsmanagementsystem als das „einzig Wahre" vorgegeben würde. Auch kann nicht gesagt werden, das Qualitätsmanagement A sei besser als B, C oder D. Jedes der Systeme besitzt eine bestimmte Funktion; jedes erfüllt bestimmte Zwecke. Es muss für jede Pflegeschule überlegt werden, welches System für ihre Bedürfnisse am besten geeignet ist. Auch wenn berücksichtigt werden muss, dass durch gesetzliche Vorgaben (KrPflG und AprV), durch Curricula oder Rahmenlehrpläne es sicherlich einige für alle Pflegeschulen gleichermaßen wichtige Qualitätskriterien zu erfüllen gibt, so kann und soll die Individualität der einzelnen Schule nicht verloren gehen.

Abstimmung des Qualitätsmanagementsystems auf die Pflegeschule

Die Qualität der Pflegeausbildung wird in jeder einzelnen Schule durch zahlreiche interne und externe Größen geprägt und beeinflusst. Regionale Gegebenheiten, Ausstattung der Schule, das Lehrerteam, die Schulgröße, die Klassenstärke pro Ausbildungskurs, Qualitätsanforderungen an Bewerber – diese Punkte entscheiden maßgeblich über die Qualität und sind damit für das Image einer Schule mitverantwortlich. Neben diesen vielfältigen Strukturbedingungen spielt auch die von der Schulleitung vorgegebene Qualitätspolitik eine wesentliche Rolle. Diese Vorgabe, das jeweilige Führungsverständnis, die Vision und die pädagogischen Grundsätze für die Pflegeausbildung werden das Bild der „Pflegeschule" abrunden.

Diese gravierenden Unterschiede schließen daher das schlichte „Kopieren" des Qualitätsmanagements einer anderen Schule aus. Mit anderen Worten: Abzuwarten und zu hoffen, ein „vorgefertigtes" System einfach von einer anderen Pflegeschule übernehmen zu können, ist nicht sinnvoll. Darum ist jeder Träger und damit jede Schule gut beraten, mit einem eigenen System zu beginnen. Dies insbesondere angesichts der vom Gesetzgeber erhobenen Forderung, in den Krankenhäusern (und sicher auch bald in den Pflegeschulen) eine rasche Qualitätstransparenz herzustellen.

Vorteile eines individuellen Qualitätsmanagementsystems

> So bekämen die Pflegeschulen nicht zuletzt auch die Möglichkeit,
> - strategische Neupositionierungen (Kooperationen, Fusionen),
> - die Erbringung von Leistungen nachweislicher Qualität,
> - kontinuierliche Qualitätssteigerungen und
> - entsprechende organisatorische Anpassungen mitzugestalten und zu unterstützen.

Daher ist es auch müßig, lange darüber zu diskutieren, welches System besser ist. Entscheidend wird sein, wie Aspekte der Qualität, Effektivität und Effizienz in einen praxisbezogenen Zusammenhang gebracht werden können, damit die Arbeit in den Pflegeschulen wirklich verbessert wird.

Qualitätsentwicklung als fortlaufender Prozess

Allen Qualitätsmanagementsystemen ist gemeinsam, dass die Zertifizierung nicht der entscheidende Faktor für eine Qualitätsentwicklung darstellt. Forderungen nach Qualitätsmanagement führen häufig zu der Konsequenz, dass sich die Unternehmen zunächst einmal den gesetzlichen Forderungen beugen, aber den eigentlichen Qualitätsgedanken dabei unter Umständen aus dem Blick verlieren. Es besteht die Gefahr, dass nach einer Zertifizierung die Bemühungen um Qualitätsverbesserungen und -entwicklungen nachlassen. Hoch motivierte und engagierte Mitarbeiter, die sich bisher für die Qualitätsprozesse aus Überzeugung eingesetzt haben, fühlen sich abgewertet; wird ihnen doch der Eindruck vermittelt, dass Qualitätsmanagement keine Geisteshaltung, sondern nur die Erfüllung einer gesetzlichen Forderung darstellt. Es wird dann schwer oder sogar unmöglich sein, diese Mitarbeiter wieder zurückzugewinnen, wenn die Leitungen der Unternehmen schließlich doch erkennen, dass ein Qualitätsmanagementsystem nicht nur eine gesetzlich zu erfüllende Forderung ist, sondern eine unumgängliche Notwendigkeit zur Sicherung des Unternehmens darstellt.

Darum ist es wichtig, sich als Unternehmen klar zu machen: einmal auf den „Zug Qualitätsmanagement" aufgesprungen zu sein, bedeutet, eine Richtung eingeschlagen zu haben, die nicht mehr zum alten Standort zurückführen kann. Qualitätsentwicklung ist als fortlaufender Prozess zu verstehen. Die Folge ist ein nie endender Weg ständiger Entwicklung einer Organisation. Gegangene Entwicklungsschritte lassen sich nicht mehr zurückgehen, Erfahrungen und Erkenntnisse nicht mehr auslöschen. Ein einmal begonnenes Qualitätsmanagement muss kontinuierlich weitergeführt werden, um eine Organisationsentwicklung zu fördern, die dem Wettbewerb standhält.

„Um aber überhaupt ein Bewusstsein der beruflichen Verantwortung und ihrer Grenzen in der Pflege und ihren Funktionen im Management und in der Bildung zu gewinnen und Kenntnisse und Fertigkeiten geplant einsetzen zu können, ist eine erklärte Wertorientierung nötig. Dieses Kennzeichen von Professionalität ist grundlegend für alle weiteren, da es die Zielorientierung des Handelns angibt" (SCHWERDT 2002).

Abb. 5:
Qualitätsmanagement als Technik und Geisteshaltung

Somit wird deutlich, dass ein Qualitätsmanagementsystem nicht nur als Instrument für das Organisieren von Qualität betrachtet werden darf, sondern vielmehr zu einer Geisteshaltung führt, die Qualität als Dienstleistungswert erkennt. Qualitätsentwicklung wird dann zu einer Gesamtleistung der Ausbildungsverantwortlichen in der Schule und im Krankenhaus. Die Beschreibung der wesentlichen Prozesse einer Pflegeausbildung mittels eines Qualitätsmanagementsystems unterstützt dieses Anliegen. Ein mit „erfolgreich" beurteiltes Qualitätsmanagementsystem wird aber erst dann mit dem Prädikat „Qualität" belegt werden, wenn neben verbesserten Arbeitsabläufen durch Denken und Vorgehen in Prozessen sowie kontinuierlichen Verbesserungen auch der Patient, der Mitarbeiter und der Schüler in der Ausbildung eine positive Qualitätsentwicklung spüren.

Qualitätsmanagement als Geisteshaltung

Wer als oberstes Ziel seiner Qualitätsbemühungen nur die Erfüllung der formalen Prozessbeschreibungen für eine eventuelle Zertifizierung sieht, wird keine wirkliche Verbesserung der Qualität erwarten können. For-

Akzeptanz und Beteiligung aller Beteiligten notwendig

malismus kann die notwendigen Änderungen in den Köpfen nicht ersetzen. Das Ergebnis kann dann vielleicht ein zertifiziertes, damit aber noch keinesfalls ein wirkungsvolles und effektives Qualitätsmanagementsystem sein. Es darf nicht dazu kommen, nur die Formen und Darlegungsnormen zu erfüllen, d.h. ein formales Qualitätsmanagementsystem mit einer entsprechenden Dokumentation aufzubauen, in dem Aufbau- und Ablauforganisation nur auf dem Papier beschrieben und nicht in Handlungen umgesetzt werden. Ein effektives und von den Mitarbeitern akzeptiertes Qualitätsmanagementsystem muss über eine Qualitätspolitik deutlich machen, wo es hin will. Diese Politik muss es in klare Zielsetzungen, Strukturen, Abläufe und Zuständigkeiten übersetzen. Die Umsetzung erfordert eine offene Kommunikation, um den Qualitätsverbesserungsprozess zu ermöglichen. Die Mitarbeiter müssen an der Verwirklichung des Systems mitarbeiten können.

Total Quality Management

Ein Gütesiegel mittels eines Zertifikates bescheinigt erst dann Qualität, wenn wirklich alle Beteiligten erkennen, dass diese auch gelebt wird. Unternehmen, die sich bereits seit längerer Zeit mit einem Qualitätsmanagementsystem beschäftigen und damit gearbeitet haben, sind zu der Erkenntnis gekommen, dass zu einer umfassenden und kontinuierlichen Qualitätsverbesserung ein Prozessmanagement gehört. Erst eine Prozessoptimierung durch ein Total Quality Management (TQM) wird die Qualität hervorbringen, die die Wettbewerbsfähigkeit maßgeblich beeinflusst. TQM bedeutet, neben messbaren Kriterien eine fortlaufende Bewertung und ständige Verbesserung der Prozesse zu erreichen. Gerade im Bildungsbereich hängt die Qualität sehr stark von menschlichen Eigenschaften ab wie Vertrauenswürdigkeit, Einfühlungsvermögen, die Fähigkeit des Zuhörens und des Beratens. Ohne Orientierung an den Mitarbeitern, die für die Umsetzung des Qualitätsmanagementsystems die Mitverantwortung tragen, ist es undenkbar, Qualität zu erbringen.

Schule, Krankenhaus und alle Mitarbeiter, die mit Ausbildung befasst sind, müssen in das Qualitätsmanagementsystem einbezogen werden (Total). Die Qualitätskriterien sind dann erfüllt, wenn gewährleistet ist, dass alle Kundenwünsche, mögen sie noch so unterschiedliche Anforderungen an die Ausbildung formulieren, so gut wie möglich und für alle zufriedenstellend erfüllt werden können (Quality). Das Management hat die Aufgabe, den Prozess der ständigen Qualitätsverbesserung durch gezielte Planung, Steuerung und Kontrolle immer wieder anzustoßen und lebendig zu halten (Management).

3.4 Motivation der Ausbildungsverantwortlichen

Aufklärung und Überzeugungsarbeit erforderlich

Wenn der Träger die Einführung eines Qualitätsmanagements beschließt, wäre es unrealistisch, damit zu rechnen, dass die Schulleitungen und Lehrer der Pflegeschulen begeistert und motiviert dieses Vorhaben unterstützen. Zu Beginn herrschen oft Unkenntnis und Zurückhaltung gegenüber Qualitätsmanagement vor. Entsprechend unterschiedlich sind auch die Reaktionen der Teammitglieder in den Pflegeschulen. Werden die in den letzten Jahren zunehmende Arbeitsverdichtung sowie Fortbildungen berücksichtigt, ist es nachvollziehbar, wenn eine erneute Arbeitsanforderung nicht sofort auf Interesse und Unterstützung stößt. Darum wird jede Schulleitung vor Ort Überzeugungsarbeit für eine kontinuierliche Qualitätsverbesserung durch Prozessbeschreibungen innerhalb des Lehrerteams leisten müssen. Gelingt es ihr nicht, die Kollegen zu motivieren, ist ein funktionierendes Qualitätsmanagementsystem auf der Basis ständiger Entwicklung und Verbesserung von Pflegeausbildung nicht zu erreichen. „Können" und „Wollen" des Schulteams sind Voraussetzung, um die geforderten Maßnahmen zu erfüllen.

Der Grund für „Nicht-Wollen" kann auch mit „Nicht-Wissen" eng verknüpft sein. Bestehende Unkenntnis führt häufig zu diffusen Ängsten und Widerständen dem „Neuen" gegenüber. Diese können nur abgebaut werden, wenn den Schulteams vermittelt wird, dass die Etablierung eines Qualitätsmanagements zukunftsgerichtet ist, innovative Entwicklungsschritte ermöglicht und – nach einer arbeitsintensiven Anfangsphase – eine organisatorische und inhaltliche Stütze darstellt. Aufgabe der Schulleitung ist es, einerseits Komplexität zu reduzieren und Angst zu mindern, andererseits dafür Sorge zu tragen, dass die notwendigen Routinemaßnahmen in der theoretischen und praktischen Ausbildung weiterlaufen.

Damit aus den Betroffenen Beteiligte werden, aus Unverständnis Verständnis erwächst und aus Widerstand Akzeptanz für Veränderung entsteht, müssen Regeln aufgestellt werden, die motivierend und innovationsfördernd sind.

Regeln beim Qualitätsmanagement

Motivation	
	Es besteht eine Fehlertoleranz
	Alle können aus Fehlern lernen
	Es herrscht Vertrauen untereinander
	Achtung vor Kollegen und Mitarbeitern
	Es werden klare Zielsetzungen vereinbart
	Ein freier Informationsfluss wird gewährleistet
	Wir können voneinander lernen

Abb. 6:
Regeln, die bei der Einführung eines Qualitätsmanagements zu beachten sind

Fehler sind erlaubt

Es wird beim Umsetzungsprozess für das Schulteam wichtig sein, dass der Träger dem Schulteam signalisiert, dass Schwierigkeiten als Erkenntnisgewinn und Fehler als Lernzuwachs statt als Schwäche bewertet werden. Nur eine Umgangskultur, die Fehler zulässt, bewirkt Motivation und Innovation. Wenn Fehler erlaubt sind, steigt die Risikobereitschaft, Neues zu wagen und auszuprobieren. Fehler dürfen nicht immer nur negativ bewertet werden. Die Vergangenheit hat häufig genug gezeigt: Was heute noch als falsch bezeichnet wird, kann morgen in einem anderen Zusammenhang genau das Richtige sein. Ob der Versuch einer Veränderung zum Erfolg führt, ist zu dem Zeitpunkt, an dem die Veränderung eingeführt wird, meist höchst ungewiss. Doch wo stünde die Menschheit heute, wenn es den fehlerlosen Menschen gäbe? Ohne die Möglichkeit des Handelns nach „Versuch und Irrtum" hätten Menschen weder laufen, sprechen noch eine andere Tätigkeit gelernt. Fehler und Irrtümer eröffnen vielfältige Möglichkeiten und vermitteln nicht selten unerwartete Einsichten. Der österreichische Psychologe Viktor E. FRANKL fasst es zusammen und gibt damit einen Weg zum Ziel an: „Peile keinen Erfolg an – je mehr du es darauf anlegst, und es zum Ziel erklärst, umso mehr wirst du ihn verfehlen. Der Erfolg kann wie Glück nicht verfolgt werden; er muss erfolgen als unbeabsichtigte Nebenwirkung, wenn sich der Mensch einer Sache widmet" (FRANKL 1985).

Schritte beim Qualitätsmanagement

Neben den Regeln für gegenseitige Wertschätzung wird die Einführung eines Qualitätsmanagementsystems nur gelingen, wenn folgende Schritte umgesetzt werden:

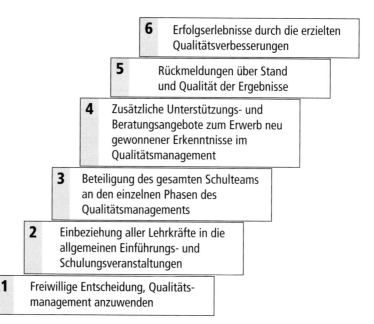

Abb. 7:
Voraussetzungen für die Umsetzung des Qualitätsmanagementsystems

Internalisierung des Qualitätsmanagementsystems

Die Arbeit in der Pflegeschule mit all ihren Höhen und Tiefen muss Freude machen und jeden Lehrer zu Kreativität und Innovation veranlassen. Denn Motivation hat viel mit Gefühlen zu tun. Genau wie die Motivation lenken sie das Handeln und die Einstellung. Gefühle motivieren und geben Orientierung. Darum ist es wichtig, dass ein Qualitätsmanagementsystem nicht gefordert, sondern verstanden, internalisiert und für wichtig angesehen wird. Erst wenn die Lehrer der Pflegeschulen nicht nur einer Anweisung des Trägers folgen, sondern sie zur eigenen sinnvollen Entwicklungschance machen, kann man davon ausgehen, dass die Umsetzung sich in den Handlungsabläufen widerspiegelt. Reinhard K.

SPRENGER (1995) trifft es in dem Kapitel über das Geheimnis der Motivation: „Energie, dynamische Kraft und Intensität sind mithin nur als „eigenwillige" Handlung denkbar, niemals als abgeleitete, fremd- oder außengesteuerte, angereizte Handlung. Wo erlebte Wahl-Freiheit ist, da ist Energie."

Qualität muss für die Schulteams ein positiv besetzter Begriff werden. Die Etablierung eines Qualitätsmanagementsystems sollte

- als nützlich und notwendig erkannt werden,
- sinnvoll und bereichernd für den Ablauf der theoretischen und praktischen Ausbildung reflektiert werden und
- als unterstützend und stärkend für die eigene Position und Rolle erlebt werden.

Dabei ist es motivierend und arbeitseffektiv, wenn der Träger mit der Schulleitung und dem Lehrerteam klare Absprachen und Zielvereinbarungen trifft. Erst dann haben die Schulteams die Möglichkeit, sich innerhalb dieses vorgegebenen Rahmens zu bewegen, um die gesetzten Ziele zu erreichen. Das schließt nicht aus, dass während der Umsetzung des Qualitätsmanagements erkannt wird, dass Arbeitsschritte verändert werden müssen, um das angestrebte Ziel zu erreichen. Diese Freiheit ermöglicht es den Lehrern in den Pflegeschulen, das Arbeitsfeld so zu planen und zu gestalten, dass die vielfältigen Aufgaben zu bewältigen sind und Freude machen. Vertrauensvolles Miteinander im Schulteam bedeutet gleichzeitig, sich bei Arbeitsspitzen gegenseitig zu unterstützen, damit nicht Lustlosigkeit, Antriebsarmut und fehlendes Engagement Folgen der Überbelastung sind.

Zielvereinbarungen zwischen Träger und Schulleitung/Lehrerteam

HILDEBRAND (1994) fasst in zehn Punkten zusammen, was beim Vorbereiten des Qualitätsmanagements nicht passieren darf:

- Nicht zu schnell sein; Ideen wachsen lassen.
- Nicht vergessen, alles mit jedermann zu kommunizieren, bevor irgend etwas verändert wird, nicht im Nachhinein.
- Nicht langfristige Ziele über kurzfristige Ziele aus den Augen verlieren.
- Nicht höhere Standards zum Selbstzweck werden lassen.
- Nicht mit Drohungen zum Durchsetzen von Veränderungen arbeiten.
- Nicht davon ausgehen, dass sich die Qualität schon deshalb verbessert, weil der Chef dies so fordert.
- Nicht davon ausgehen, dass mittlere Führungskräfte den Verbesserungsprozess automatisch akzeptieren werden.
- Nicht auf Werbesprüche, aufmunternde Worte, Plakate verlassen.
- Nicht aus Kapazitätsmangel die Initiative verlieren.
- Nicht als sicher annehmen, dass Ausstattung oder Ausbildung angemessen sind.

„Gebote" bei der Vorbereitung eines Qualitätsmanagementsystems

4 Einführung des Qualitätsmanagementsystems nach der DIN EN ISO 9001 in der Marienhaus GmbH

4.1 Vorstellung der Marienhaus GmbH

Gesellschafter — Die Marienhaus GmbH, deren Gesellschafter die Ordensgemeinschaft der Waldbreitbacher Franziskanerinnen ist, blickt auf eine 100-jährige Geschichte zurück. Heute gehört sie zu den großen christlichen Trägern in Deutschland.

Einrichtungen — Zur Marienhaus GmbH zählen 22 Krankenhäuser, 16 Alten- und Pflegeheime, zwei Kinder- und Jugendheime, sechs Hospize und sechs weitere Einrichtungen. Die Einrichtungen liegen in den Bundesländern Nordrhein-Westfalen und Hessen, Rheinland-Pfalz und im Saarland.

Mitarbeiter — Insgesamt arbeiten in der Marienhaus GmbH etwa 11.000 Frauen und Männer. Der Sitz der Geschäftsführung befindet sich in direkter Nachbarschaft zum Mutterhaus der Waldbreitbacher Franziskanerinnen. Die sieben Pflegeschulen, darunter zwei Kranken- und Kinderkrankenpflegeschulen und die Schule für Physiotherapie, werden organisatorisch und disziplinarisch von der Geschäftsführerin geleitet.

Fachberatung — Um die Pflegeschulen bei ihrer Neuordnung im Sinne eines Qualitätsmanagements zu unterstützen, hat sich die Marienhaus GmbH entschlossen, eine Fachberatung als pädagogische Beratungsinstanz einzusetzen, um in Veränderungsprozessen zu begleiten und zur Qualitätssicherung in der Ausbildung beizutragen.

Fusionen — 1997 fusionierte die Krankenpflegeschule in Neunkirchen mit der Krankenpflegeschule in St. Wendel, die Krankenpflegeschule in Neuwied mit der Krankenpflegeschule in Bendorf und seit kurzem auch die Krankenpflegeschulen Neuwied/Bendorf mit der Kinderkrankenpflegeschule in Neuwied sowie die Krankenpflegeschule mit der Kinderkrankenpflegeschule in Wadgassen. Die einjährige Krankenpflegehilfeausbildung an den drei Krankenpflegehilfeschulen In Bad Neuenahr-Ahrweiler, Bendorf und Neustadt/Weinstraße wird seit einigen Jahren nicht mehr durchgeführt. Im Bereich Aus-, Fort- und Weiterbildung sind im Rahmen der Unternehmensstrategie bereits wesentliche Ziele umgesetzt.

Modellprojekte — Seit dem Oktober 2000 läuft ein Modellprojekt „Integrierte Pflegeausbildung in St. Wendel". In diesem Projekt werden 30 Schüler gemeinsam auf ihre zukünftige Tätigkeit in der Alten-, Kranken- und Kinderkrankenpflegeausbildung vorbereitet. Partner dieses Projektes sind die Caritas-Altenpflegeschule in St. Wendel, die Verbundkrankenpflegeschule am Marienkrankenhaus in St. Wendel und die Kinderkrankenpflegeschule an der St. Elisabeth-Klinik Saarlouis in Wadgassen. Seit Oktober

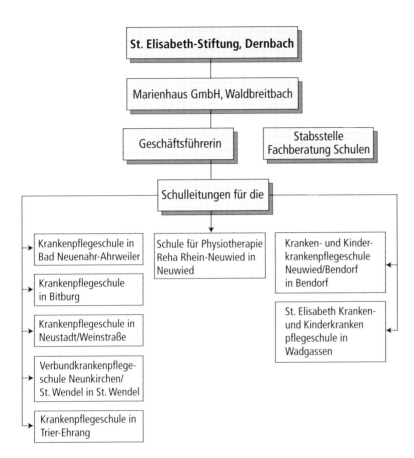

Abb. 8:
Struktur der St. Elisabeth-Stiftung

2002 wurde ebenfalls eine Integrierte Pflegeausbildung in Bendorf und in Wadgassen begonnen. In dieser Ausbildung werden die Ausbildungsgänge der Kinderkrankenpflege und der Krankenpflege so zusammengeführt, dass die Möglichkeit besteht, nach dreieinhalb Ausbildungsjahren beide Abschlüsse, die der Kinderkrankenschwester/des Kinderkrankenpflegers sowie die der Krankenschwester/des Krankenpflegers zu erreichen.

Ebenfalls 2002 verknüpfte das Krankenhaus Hetzelstift in Neustadt, Weinstraße, Ausbildung mit Fort- und Weiterbildung durch Gründung eines Bildungszentrums.

Durch Fortbildungsveranstaltungen aller Lehrer für Pflegeberufe und der Schule für Physiotherapie in unserer Trägerschaft erfolgt neben einer informellen Kontaktpflege ein intensiver Austausch über allgemeine und länderspezifische Ausbildungsentwicklungen, Unternehmensentwicklungen, individuelle Schulprobleme und -erfolge. Gemeinsame Projekte werden geplant und überregional von den Lehrern aus den Pflegeschulen erarbeitet: ein Forum, in dem über Stand, Inhalte, Erfolge und Schwierigkeiten bei der Implementierung des Qualitätsmanagementsystems diskutiert werden kann.

Fortbildung und Projekte

4.2 Die Wahl eines Qualitätsmanagementsystems

Der Träger entschloss sich 1997, das Qualitätsmanagement nach der DIN EN ISO 9001 für alle Pflegeschulen einzuführen. Zu dieser Zeit war in der Literatur zu diesem Thema für den beruflichen Ausbildungsbereich nichts vorhanden. Seminare zum Thema „Qualität in der beruflichen Weiterbildung" oder „Qualitätssicherung in der Erwachsenenbildung" wurden angeboten; die Qualität in der Ausbildung aber wurde ausgespart.

Unterschiedliche Begriffsverständnisse

Der Grund für die Befürwortung bzw. Ablehnung liegt häufig in unterschiedlichen Begriffsverständnissen. Begriffe wie Zertifizierung und Qualitätsmanagementsystem werden in einen Topf geworfen, Qualität wird mit Qualitätsfähigkeit gleichgesetzt. Qualitätselemente der DIN EN ISO werden als Qualitätsmanagementelemente begriffen oder ein zertifiziertes Qualitätsmanagementsystem automatisch als effektives Qualitätsmanagement gesehen. Jeder Beteiligte nutzt seine Interessen für ein Meinungsbild, das dann letztendlich mehr Verwirrung als Klarheit schafft. Um Transparenz zu schaffen und sich eine eigene Meinung bilden zu können, ist es aber notwendig, sich intensiv mit einem Qualitätsmanagementsystem auseinanderzusetzen und es im Hinblick auf das eigene Unternehmen zu bewerten.

DIN EN ISO 9000ff.

Im Mittelpunkt der damaligen Seminardiskussionen stand die Normenreihe DIN EN ISO 9000ff. „ISO" steht für „International Organisation for Standardization". ISO ist die internationale Dachorganisation für Normen mit Sitz in Genf. Normenorganisationen veröffentlichen Normen. Die Normenvereinigungen arbeiten eng zusammen. Die meisten Normentexte von ISO (International), EN (Europa) und DIN (Deutschland) sind identisch. Jede Norm hat eine Nummer. Bei ISO haben die bekanntesten Normen zur Qualität die Nummern 9001 bis 9003. Deshalb spricht man von ISO 9000ff. Die Normen sind ausschließlich für die klassische industrielle Produktion konzipiert worden, wobei mit den Normen 9001 bis 9003 Nachweisstufen für Produktionsabläufe beschrieben werden. 9001 als umfassendste und 9003 als am wenigsten umfassende Nachweisstufe der Normenreihe bieten den Unternehmen die Möglichkeit, den Umfang zur Überprüfung des Qualitätsmanagementsystems durch die Zertifizierungsgesellschaften festzulegen.

DIN EN ISO 9000 enthält Leitfäden zur Auswahl und Anwendung.

- 9001 umfasst den gesamten Prozess eines Produktes einschließlich Entwicklung.
- 9002 umfasst den gesamten Prozess einer Dienstleistung oder eines Produktes ohne den Entwicklungsprozess.
- 9003 beinhaltet nur die Darlegung der Endprüfung.
- 9004 Teil 2 ist ein Leitfaden zur Anwendung der ISO-Norm im Dienstleistungssektor.

Die DIN EN ISO enthielt bis Ende des Jahres 2000 insgesamt 20 Normenelemente, die für die produzierende Industrie, insbesondere Elektroindustrie und Maschinenbau, entwickelt wurden. Auf die Ausbildung im Bereich Pflegeschulen waren diese 20 Normenelemente in der vorliegenden Form auf den ersten Blick zunächst nicht übertragbar. Was die Auseinandersetzung mit der Einführung eines Qualitätsmanagementsystems nach der DIN EN ISO blockierte, war zum einen die Vorstellung, dass eine Übertragung ökonomischer Prinzipien wie Wettbewerb und Kostenbewusstsein auf den Bildungsbereich als nicht zumutbar, wenn nicht sogar als unanständig galt. Zum anderen war sehr schwer nachzuvollziehen, wie Normen, die für eine Fertigungsindustrie entwickelt worden waren, für den Bildungsbereich überhaupt in Erwägung gezogen wurden.

DIN EN ISO im Bildungsbereich?

Bis Januar 2001 wurde die Norm überarbeitet, um eine Reihe von Verbesserungen zu erreichen, die von den Anwendern gefordert wurden. Die überarbeitete Norm zeigte eine bessere Kompatibilität mit anderen Managementsystemen und führte zu einer erleichterten Anwendung. Eine Hilfe war außerdem eine angemessene Anpassbarkeit der Forderungen an die betreffende Situation. Aus den 20 Normenelementen entstanden fünf Kapitel mit Forderungen, die erstmals die Kundenzufriedenheit einbeziehen, indem die Kundenforderungen erfüllt werden. Somit war die Möglichkeit gegeben, neben der Beschreibung der Aufbau- und Ablauforganisation auch einen prozessorientierten Ansatz für das Qualitätsmanagement zu wählen.

Erweiterung der Norm

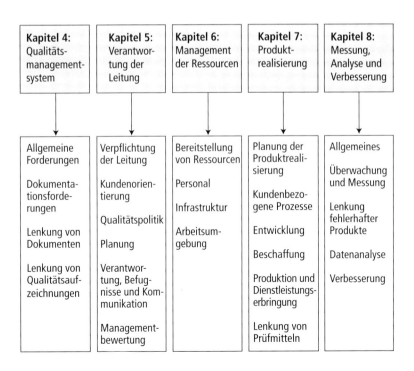

Abb. 9:
Qualitätsmanagementsystem – Inhalte der DIN EN ISO 9001:2000 seit dem 01.01.2001

Anpassung der Norm an den Ausbildungsbereich

Erst durch die Ausbildung bei CERTQUA (Gesellschaft der Deutschen Wirtschaft zur Förderung und Zertifizierung von Qualitätssicherungssystemen in der Beruflichen Bildung mbH) zur Qualitätsbeauftragten/Qualitätsmanagerin/Auditorin im Bildungsbereich nach der DIN EN ISO wurde der Autorin dieses Buches deutlich, dass hinter den Begriffen Aktionen verborgen sind, die auch im Rahmen der Pflegeausbildung durch differenzierte Prozessbeschreibungen eine Aufbau- und Ablauforganisation und damit eine Qualitätsverbesserung möglich machen. Bedingung ist allerdings die Voraussetzung, dass diese Normen in die Sprache der Ausbildungssituation umgeschrieben werden. Es blieb der Zweifel, ob dieses Qualitätsmanagementsystem nicht nur zu technokratischer Normenerfüllung führt, sondern das eigentliche Ziel erreicht, durch Qualitäts- und Managementmethoden, Konzepte und Überzeugungen die Unternehmenskultur zu verbessern.

Eine Entscheidungshilfe lieferte die Schriftenreihe des Landesarbeitskreises für berufliche Fortbildung des Landesgewerbeamtes Baden-Württemberg. Darin heißt es unter anderem: „Studiert man die aktuelle Literatur zum Thema Qualitätsmanagement, so wird schnell klar, dass dabei zwei Dinge besonders wichtig sind:

- die möglichst optimale Gestaltung und Beschreibung der betrieblichen Abläufe (Ablauforganisation).
- die Einbeziehung möglichst aller Mitarbeiter in den betrieblichen Ablauf- und Entscheidungsprozess (Aufbauorganisation).

Sobald die generelle Notwendigkeit der Überprüfung und Festschreibung von Abläufen erkannt ist, stellt sich die Frage, was geregelt werden sollte und was ungeregelt bleiben kann.

Findet der Aufbau des Qualitätsmanagementsystems nicht in geplanter Art und Weise statt, bestehen zwei Gefahren: Zum einen wird oft in blinden Aktionismus verfallen und versucht, alles und jedes zu beschreiben und zu regeln. Zum anderen werden oftmals sehr schnell ‚Insellösungen' geschaffen, die nicht miteinander vernetzt sind, also kein umfassendes und einheitliches System darstellen. DIN EN ISO 9000ff. ist also ein Mittel zur Schaffung einer einheitlichen Basis im Unternehmen. Von dieser Basis aus kann das Unternehmen dann weiterwachsen in Richtung auf eine Total Quality Management-Philosophie (TQM)."

Was kann ein Qualitätsmanagementsystem?

Nach eingehender Auseinandersetzung mit dem Qualitätsmanagementsystem und den Erfahrungen, die im Weiterbildungsbereich mit diesem System bereits vorlagen, konnte man davon ausgehen, dass dieses Qualitätsmanagementsystem in der Lage ist, einen Überblick darüber zu geben,

- inwieweit Aufgaben, Kompetenzen und Verantwortlichkeiten hinsichtlich der Sicherstellung von Qualität lokalisiert werden können,
- welche Prozesse, Verfahren und Prozeduren zur Sicherstellung von Qualität angewendet werden müssen.

Außerdem entsprechen die Inhalte dieser Norm den Fragen, die in den Pflegeschulen beantwortet werden müssen wie:

- Wer ist zuständig?

- Wie sind die Prozessabläufe in Theorie und Praxis?
- Wo sind Verbesserungen möglich?
- Wie kann man Ereignisse zurückverfolgen?
- Wie muss ein Vertragsabschluss laufen?
- Wie können Fehler vermieden bzw. rechtzeitig erkannt werden?
- Wie kann eine Ergebnissicherung aussehen?

Der Schwerpunkt ist zunächst eine gezielte Organisation und Dokumentation jener Prozessabläufe und Zustände, die für die Sicherung der Qualität wichtig sind. So wird Transparenz geschaffen, damit überhaupt eine theoretische und praktische Ausbildung sinnvoll vernetzt werden kann. Die Prozessbesprechung und -dokumentation im Schulteam wird außerdem dazu führen, Routinetätigkeiten im täglichen Schulalltag noch einmal genauer unter die Lupe zu nehmen. Dies ermöglicht es auch zu überlegen, inwieweit der bisher als gut befundene Ablauf leicht korrigiert oder vielleicht gar völlig geändert werden müsste.
Organisation und Dokumentation der Prozesse

Angesichts der Budgetkürzungen, Bewerberrückgängen und sinkenden Bewerberzahlen war es wichtig, darüber nachzudenken, wie in Zukunft Ausbildung gestaltet werden muss, um das Pflegepersonal zu bekommen, das für die Versorgung der Patienten und Bewohner in Zukunft benötigt werden wird. Auch wenn eine gewisse Unsicherheit blieb, so entschied sich die Marienhaus GmbH für das Qualitätsmanagementsystem nach der DIN EN ISO 9001. Man wollte beginnen und keine unnötige Zeit verstreichen lassen.
Entscheidung für DIN EN ISO 9001

Die DIN EN ISO 9001:2000 ist, wie in Abbildung 9 gezeigt, in fünf Hauptkapitel gegliedert. Die darin beschriebenen Normkapitel 4–8 finden im Dienstleistungsbereich Anwendung. In den folgenden Tabellen wurden diese Normforderungen für den Bildungsbereich als Aufgaben für Träger und Schulleitung formuliert. Die intensive Auseinandersetzung und die Umschreibung in eine für die Ausbildung verständliche Sprache ließ erkennen, dass die Einhaltung der nachfolgenden Handlungsfelder den Schulen zeitnah sehr viel Mehrarbeit, auf lange Sicht aber eine enorme Qualitätsverbesserung bringt.
Aufgaben für Träger und Schulleitung

Übersicht 1:
Die Normkapitel 4–8

Normkapitel 4:
Qualitäts-Management-System

4.1 Allgemeine Forderungen

- Qualitätsmanagementsystem aufbauen, dokumentieren, verwirklichen, aufrechterhalten, ständig aktualisieren und verbessern
- Prozesssystem offenlegen

Normforderung für Qualitätsmanagementsystem aufbauen, dokumentieren, verwirklichen, aufrechterhalten, ständig aktualisieren und verbessern

Der Schulträger muss:

- für das Qualitätsmanagement ausreichend Mittel und Personal bereitstellen.

Die Schulleitung muss:

- ein dokumentiertes Qualitätsmanagementsystem aufbauen, in dem die relevanten Abläufe beschrieben sind,
- sicherstellen, dass die Beschreibungen der betrieblichen Realität entsprechen,
- sicherstellen, dass das Qualitätsmanagementsystem alle Phasen der Ausbildung abdeckt.

Normforderungen für Prozesssystem offenlegen

Die Schulleitung muss:

- eine detaillierte Analyse sämtlicher theoretischen und praktischen Abläufe vornehmen,
- Abläufe dokumentieren,
- unklare Abläufe mit den Mitarbeitern klären.

4.2 Dokumentationsanforderungen

- Dokumentation des Qualitätsmanagementsystems
- Lenkung der Qualitätsmanagementsystem-Dokumentation
- Lenkung wichtiger Aufzeichnungen

Normforderungen für Dokumentation des Qualitätsmanagementsystems

Der Träger muss:

- die Qualitätspolitik einschließlich der Messkriterien definieren,
- Qualitätsziele festlegen,
- Geltungs- bzw. Anwendungsbereich des Qualitätsmanagementsystems festlegen,
- die Verantwortlichkeiten und Befugnisse aller an der Ausbildung Beteiligten festlegen:
  - Organigramm
  - Verantwortungsmatrix
- einen Beauftragten für die Leitung des Qualitätsmanagements (Schulleitung) benennen.

Die Schulleitung muss:

- ein Qualitätsmanagement-Handbuch erarbeiten, in dem sämtliche Prozesse der dreijährigen Ausbildung beschrieben sind.

Normforderungen für Lenkung der Qualitätsmanagementsystem-Dokumentation

Die Schulleitung muss:

- alle Prozessbeschreibungen vor Verteilung genehmigen,
- im Überblick aufzeigen, an welchen Stellen Prüfschritte erfolgen, wie diese Prüfungen durchgeführt werden,
- festlegen, wann das Qualitätsmanagement Dokumente bewertet und diese aktualisiert werden,
- aufzeigen, anhand welcher Daten die Ausbildungsstätte gesteuert wird,
- sicherstellen, dass alle aktuellen Dokumente zu jeder Zeit bei Bedarf verfügbar sind,
- muss eine Erkennbarkeit und Wiederauffindbarkeit gewährleisten,
- sicherstellen, dass die Dokumente lesbar, sauber und klar strukturiert vorliegen,
- eine Liste anfertigen, wo Dokumente sind und wer welche erhalten hat,
- darauf achten, dass veraltete Dokumente vernichtet oder gekennzeichnet werden.

Normforderungen für Dokumentationsanforderungen für die Lenkung wichtiger Aufzeichnungen

Die Schulleitung muss:

- sicherstellen, dass bei allen Dokumenten und Aufzeichnungen folgende Kriterien erfüllt sind:
  - Kennzeichnung,
  - Aufbewahrung,
  - Wiederauffindbarkeit,
  - Schutz,
  - Aufbewahrungszeit,
  - Beseitigung.

Normkapitel 5:
Verantwortung der Leitung

- Verpflichtung der Leitung
- Kundenorientierung
- Qualitätspolitik
- Planung
- Verantwortung, Befugnisse und Kommunikation
- Managementbewertung

Normforderungen für Verpflichtung der Leitung

Die Schulleitung muss:

- eine Legitimation erbringen, dass sie die Verpflichtung eingeht, das Qualitätsmanagement umzusetzen,
- die vom Träger festgelegte Qualitätspolitik und die Qualitätsziele umsetzen,
- die Messbarkeit der Qualitätsziele sicherstellen,
- versuchen, die Qualitätsanforderungen, die von den verschiedenen Adressaten an die Pflegeausbildung gestellt werden, zu ermitteln,
- soweit wie möglich den Anforderungen entsprechen,
- eine Qualitätsplanung zur Zielerreichung vornehmen,
- die Verantwortlichkeiten und Befugnisse für ihre Mitarbeiter schriftlich festlegen,
- sicherstellen, dass alle Prozesse kommuniziert werden und
- dass alle Prozessbeschreibungen eine regelmäßige Bewertung auf Wirksamkeit durch die Geschäftsführung erfahren,
- festschreiben, welche Maßnahmen aus der Bewertung erfolgen.

Normkapitel 6:
Management der Ressourcen

- Bereitstellen der Ressourcen
- Personal sowie Fähigkeit, Bewusstsein und Schulung
- Infrastruktur
- Arbeitsumgebung

Normforderungen für die Bereitstellung von Ressourcen

Die Schulleitung muss:

- die notwendigen Mittel zur Verfügung stellen, damit es zur Verwirklichung und Verbesserung des Qualitätsmanagementsystems kommt,
- zusammen mit dem Schulteam, den internen und externen Dozenten und den Verantwortlichen in der Praxis die Wünsche der internen und externen Kunden an die Pflegeausbildung zu erfüllen.

Normforderungen für die Ressource Personal

Der Schulträger muss:

- die Qualifikation der Mitarbeiter an der Schule für die Anforderungen der Pflegeausbildung sicherstellen,
- die Ausbildungsverantwortlichen in Theorie und Praxis durch Fort- und Weiterbildungsangebote fördern,

- eine Evaluation der geforderten Maßnahmen vornehmen,
- eine Dokumentation der geforderten Qualitätsforderungen vornehmen.

Normforderungen für die Ressource Infrastruktur

Der Schulträger muss:

- für die theoretische Ausbildung die notwendigen Einrichtungen bereitstellen und den Anforderungen entsprechend ausstatten:
  - Arbeitsort (z. B. Büros und Schulungsstätte, Aufenthaltsräume für Schüler),
  - Ausrüstungen, Hardware und Software (z. B. Unterrichtsinfrastruktur, Ausstattung, Medien),
  - unterstützende Dienstleistungen (z. B. Cafeteria, Schülerwohnheim).

Normforderungen für die Ressource Arbeitsumgebung

Der Schulträger muss:

- den Arbeits- und Gesundheitsschutz sicherstellen.

Normkapitel 7:
Produktrealisierung

- Planung der Realisierungsprozesse
- Kundenbezogene Prozesse
- Entwicklung
- Beschaffung
- Produkt- und Dienstleistungserbringung
- Prüfmittellenkung

Normforderungen für Planung der Realisierungsprozesse und kundenbezogene Prozesse

Der Schulträger muss:

- festlegen, welche Realisierungsprozesse er für eine qualifizierte Pflegeausbildung für erforderlich hält und
- gewährleisten, dass die unterschiedlichen Erwartungen (interne und externe Nutzer einer Pflegeausbildung) durch eine qualifizierte theoretische und praktische Ausbildung erfüllt werden.

Die Schulleitung muss:

- die Ausbildungsqualität vor jedem Ausbildungsbeginn prüfen,

- während der gesamten Ausbildung die Qualität durch die Ausbilder in Theorie und Praxis mittels festgelegter Kriterien evaluieren,
- relevante Abläufe im Unternehmen (Schule und Krankenhaus) festlegen,
- Abläufe nach bestimmten Regeln beschreiben (Prozessbeschreibungen),
- bei allen Abläufen Prüfschritte festlegen:
  - Beurteilungen für Schüler
  - Beurteilungen für Lehrer und Dozenten (Unterrichtsbeobachtung)
- Aufnahme-, Zwischen- und Endprüfungen durchführen,
- die möglichst frühzeitige Durchführung von Prüfungen sicherstellen, damit Fehler und Fehlentwicklungen frühzeitig erkannt und behoben werden,
- durchzuführende Beurteilungen und die geforderte Genauigkeit festlegen,
- kontrollieren, welche Beurteilungsmesswerte für Schüler vorliegen, sie regelmäßig bewerten und aktualisieren.

Normforderungen für Entwicklung

Der Schulträger muss:

- sicherstellen, dass die Konzeption der theoretischen und praktischen Ausbildung durch ein Curriculum aufgrund gesicherter Anforderungen stattfindet, dass konzeptionelle Änderungen dokumentiert werden und das Ergebnis der Konzeption festgehalten wird.

Maßnahmen sind:

- die Ausbildungsentwicklung klar festlegen,
- ein Curriculum zur Lenkung der Ausbildung einrichten,
- die Ausbildungsentwicklung klar festlegen:
  - Entwicklungsvorgaben und Entwicklungsanpassungen festlegen und dokumentieren (z. B. Curriculumänderungen, externe Projekte)
  - qualifizierte Mitarbeiter einstellen,
  - dafür Sorge tragen, dass das Entwicklungsergebnis angemessen dokumentiert wird,
  - die Erfüllung der Entwicklungsvorgaben überprüfen,
  - sicherstellen, dass die Entwicklungsänderungen geprüft, freigegeben und dokumentiert werden,
  - sicherstellen, dass bei größeren Entwicklungsvorhaben ein Projektplan erstellt wird und
  - alle Prozesse einschließlich der Prozessbedingungen durch Prozessbeschreibungen dokumentiert werden,
  - Kontollmechanismen einbauen, um zu erkennen, ob die Entwicklungsschritte in die richtige Richtung gehen.

Normforderungen für Beschaffung

Die Schulleitung muss:

- das Anforderungsprofil der Bewerber bei der Auswahl zukünftiger Pflegeschüler festlegen,
- das Anforderungsprofil ständig aktualisieren und dokumentieren,
- die Qualität der Lehrer für Pflegeberufe, von externen und externen Dozenten, Praxisanleiter und Mentoren regelmäßig überprüfen und sicherstellen (z. B. durch Beurteilungs- und Fördergespräche),
- Arbeitsmittel und Räume zur Verfügung stellen, damit die Qualität des theoretischen Unterrichtes gewährleistet ist,
- die Praxisorte für die praktische Ausbildung festlegen, überprüfen und dokumentieren.

Normforderungen für Produktion und Dienstleistungserbringung

Der Schulträger muss:

- die Prozesse der Dienstleistungserbringung festlegen und gewährleisten, dass zu dieser Dienstleistungserbringung alle erforderlichen Bedingungen erfüllt sind:
  - ausreichende Anzahl an Lehrer für Pflegeberufe, Praxisanleiter, Mentoren
  - Qualifikation der Lehrer
  - Dozentenqualität
  - Sachmittel u.a.
- sicherstellen, dass die Anforderungen schriftlich fixiert und durch entsprechende Medien allen Ausbildungsverantwortlichen zugänglich gemacht werden.

Die Schulleitung muss:

- alle Dienstleistungen kennzeichnen und sicherstellen, dass nur Leistungen erfolgen, die alle vorgesehenen Forderungen erfüllen:
  - Prüfprotokolle
  - Klassenbücher
  - Anwesenheitslisten u.a.m.
- sicherstellen, dass fehlerhafte Dienstleistungen verhindert werden, wie z. B.
  - schlechte Unterrichtsqualität und -quantität
  - unzureichende praktische Anleitung im Krankenhaus, Sozialstation, Altenpflegeheim u.a.
- Fehlermeldungen sofort nachgehen und falls möglich sofort beheben,
- Weitermeldung von Fehlern sicherstellen,
- für die Lehrgangsmaterialien und Medien die Verantwortung übernehmen:
  - Schutz
  - Registrierung von Anzahl und Zustand der Medien.

Normforderungen für Prüfmittellenkung

Die Schulleitung muss:

- Prüfmittel so handhaben, dass die mit ihnen durchgeführten Prüfungen verlässliche, nachvollziehbare Ergebnisse liefern,
- folgende Prüfmittel in der Pflegeausbildung vorhalten:
  - Teste, Klausuren für die theoretische Ausbildung
  - Beurteilungsbögen für die praktische Ausbildung
  - Protokolle von Prüfungen in Theorie und Praxis
  - Protokolle von Unterrichtsbeobachtungen
- Prüfmittel regelmäßig dahingehend hinterfragen, ob sie zuverlässige Aussagen liefern,
- diese „Prüfmittelüberwachung" dokumentieren.

Normkapitel 8:
Messung, Analyse und Verbesserung

- Allgemeines
- Überwachung und Messung
- Lenkung von Fehlern
- Datenanalyse
- Verbesserung

Normforderungen für Allgemeines

Die Schulleitung muss:

- Prüfungsabläufe festlegen, planen und durchführen, damit die Voraussetzungen für die schriftliche, praktische und mündliche Abschlussprüfung gegeben sind:
  - Probezeit-, Zwischen- und Endexamen
- die Prüfungsunterlagen bereitlegen,
- für das korrekte Ausfüllen der Prüfungsformulare Rechnung tragen:
  - Protokollant benennen
  - Dokumentationsform festlegen.

Normforderungen für Überwachung und Messung

Die Schulleitung muss:

- Evaluationsverfahren festlegen:
  - Unterrichtsergebnisse
  - Stationsbeurteilungen
  - Gesprächsprotokolle
  - Testate, Klausuren
- Verbesserungsergebnisse berücksichtigen und dokumentieren.

Normforderungen für Lenkung von Fehlern

Die Schulleitung muss:

- sicherstellen, dass vonseiten der Ausbildungsorte Schule und Praxisort alle Voraussetzungen erfüllt werden, damit die Schüler die dreijährige Pflegeausbildung erreichen und bei Fehlerquellen Korrekturen vornehmen,
- Informationsquellen über tatsächliche und potenzielle Fehler identifizieren:
  - PDL, PA oder Mentor
  - Stationsleitungen
  - Schulteam
  - Dozenten
- Verantwortlichkeiten festschreiben für die Ermittlung von Fehlerursachen und die Definition von angemessenen Korrektur- und Vorbeugungsmaßnahmen,
- Aufzeichnungen führen.

Normforderungen für Datenanalyse

Die Schulleitung muss:

- geeignete Daten hinsichtlich der Wirksamkeit des Qualitätsmanagement-Systems und möglicher Verbesserungen erfassen und analysieren,
- die Daten unter dem Aspekt einer qualifizierten Pflegeausbildung analysieren:
  - Prozessbeschreibungen aktualisieren,
  - Schülerwünsche nach Prüfung berücksichtigen,
  - gesetzliche Anforderungen in die Prozesse einarbeiten,
  - Wünsche der praktischen Ausbilder prüfen und umsetzen,
  - Lehrpläne auf Patientenorientierung überprüfen und anpassen.

Normforderungen für Verbesserung

Die Schulleitung muss:

- Prozesse zur ständigen Verbesserung planen und aufrechterhalten (Entwicklung in der Ausbildung),
- Vorbeugungsmaßnahmen erarbeiten und in einer Prozessbeschreibung dokumentieren,
- Evaluationsbögen erarbeiten und für alle Teammitglieder zugänglich machen,
- Fehler eintragen, bewerten, verbessern, dokumentieren.

Die Normkapitel sind so ausgearbeitet, dass die einzelnen Aufgaben in den beschriebenen Kapiteln den Inhalt und Umfang, aber auch die Schritte aufzeigen, die für eine Zertifizierung des Qualitätsmanagementsystems nach der DIN EN ISO 9001:2000 erfüllt werden müssen. Beim

Normkapitel

Durcharbeiten der einzelnen Normkapitel kann der Eindruck entstehen, dass viele Einzelaktivitäten mehrfach genannt und unter einem anderen Normkapitel erneut aufgeführt werden. Hier soll auf die Vernetzung innerhalb der einzelnen Prozesse hingewiesen werden. Die Analyse, Dokumentation und Evaluation eines Prozessablaufes führt fast immer auch zu einer Veränderung des bestehenden Prozesses. Die Interdependenz und Abhängigkeit von theoretischen und praktischen Denkmustern in einer Pflegeausbildung werden darin sehr deutlich. Wie beim Prinzip des „Schneeballs" zieht eine Veränderung die andere nach sich, sei es im theoretischen oder praktischen Ablauf. Es bleibt kaum bei der Korrektur eines Prozesses, sondern es müssen auch andere Prozessschritte angesehen werden, um sie den veränderten Bedingungen anzupassen.

Beispiele für die Interdependenz in den Struktur-, Prozess- und Ergebnisbeschreibungen:

- Bei einer Veränderung des Jahresplanes ist gleichzeitig die Angleichung der Unterrichtsblockplanung und der Planung für den praktischen Einsatz erforderlich. Teamgespräche mit den Verantwortlichen in der praktischen Ausbildung, die Kommunikations- und Informationspolitik mit den Auszubildenden, die Erweiterung oder Kürzung von Strukturinhalten in Formularen u.v.m. werden häufig durch eine größere Maßnahme in der Ausbildungsablaufstruktur berührt.

- Wird eine Erweiterung des theoretischen Curriculums um entwicklungsfördernde Unterrichtsinhalte vorgenommen, sind alle Prozessdokumentationen, die in Zusammenhang mit der Anleitung der Schüler den Einsatzorten vorliegen, zu evaluieren und Einfügungen vorzunehmen.

- Korrekturen von Prüfungsmodalitäten (Dokumente, Zeitvorgaben, inhaltliche Prüfungsänderungen), die das Unterrichtsteam als eine effektivere Lernerfolgskontrolle betrachtet, können in sehr viele Struktur-, Prozess- und Ergebnisdokumentationen eingreifen.

Die Bearbeitung der fünf Normkapitel sollte von jeder Pflegeschule geleistet werden, wenn auch die Ausgangslage für die Einführung eines Qualitätsmanagementsystems unterschiedlich sein kann. Der Erfolg des Qualitätsmanagements wird von der Zielsetzung, der Einsicht und den Beweggründen der Schulleitungen und des Schulteams abhängen, diese aufwändige Arbeit der einzelnen Prozessschritte zu diskutieren, zu evaluieren und zu dokumentieren.

4.3 Nutzen der Verfahrensanweisungen

Neben der Entwicklung von Maßnahmen für die Qualität der Pflegeausbildung und der Berücksichtigung personeller, finanzieller und materieller Ressourcen werden auch schulinterner Kommunikations- und Interaktionsdefizite erheblich reduziert. Der Nutzen, den eine zusammenhängende, detaillierte Prozessablaufbeschreibung bringt, wird deutlich, wenn neue Mitarbeiter in den Schulablauf eingeführt werden müssen. Erfolgt die Einführung neuer Mitarbeiter in Zeiten hoher Arbeitsspitzen, kann dies für das Schulteam eine Belastung darstellen. Ist das Einführen und Einbeziehen des neuen Kollegen nicht inhaltlich und organisatorisch geplant und vorbereitet, wird der Anfang bereits durch Widerstände belastet, die seine Eingliederung in den Schulalltag erschweren. Die notwendige Teamentwicklung durch wertschätzende, vertrauensvolle Zusammenarbeit wird gestört. Frustrationen entstehen auf beiden Seiten. Durch unzureichende Unterstützung erlebt der Neueinsteiger mangelnde Wertschätzung, eine Einschränkung seiner Arbeitsfähigkeit und Leistungserbringung und empfindet sich eher als Belastung statt Entlastung. Bei der Schulleitung entstehen Schuldgefühle, ihren Führungsaufgaben (Orientierung schaffen, Motivation, Integration fördern) nicht im gewünschten Umfang nachzukommen. Das Resultat ist kein positiver Neuanfang. Ein unzureichender Austausch von Informationen blockiert die Anleitung in organisatorische und adminstrative Aufgaben. Der neue Lehrer ist zunächst nur in der Lage, Unterrichtsstunden vorzubereiten und durchzuführen. Durch fehlende Kenntnisse über Auf- und Ablaufstruktur einer Schule ist er nur teilweise in der Lage, das Schulteam in den Aufgabenbereichen zu unterstützen. Ein Gefühl von „Ausgeschlossensein" tritt auf, obwohl es vom Schulteam nicht beabsichtigt ist. Ein Qualitätsmanagementhandbuch, in dem alle Handlungsschritte einer dreijährigen Ausbildung und eine Verfahrensanweisung zur „Einführung neuer Mitarbeiter" differenziert dokumentiert sind, würde dieses Dilemma vermeiden.

Verbesserung der Kommunikation bei Einführung einer neuen Lehrkraft oder ...

Ein wesentlicher Aspekt bei der Dokumentation von Pflegeausbildungsprozessen ist das Vorgehen bei einem Krankheitsausfall der Schulleitung über mehrere Wochen. Dies erfordert umgehend den Einsatz einer Vertretung. Liegen dann keine Ablaufbeschreibungen über zeitlich geplante und durchzuführende Aufgaben vor, kommt es langfristig zu Störungen im theoretischen und praktischen Ablauf der Ausbildung.

... bei Krankheitsvertretung der Schulleitung

Personelle Ausfälle sind steuerbarer, wenn Prozessbeschreibungen vorliegen, damit sich die Vertretung umfassend informieren kann. Die Dokumentation der inhaltlichen und zeitlichen Arbeitsabläufe, einschließlich aller Maßnahmen, die den atmosphärischen Teil einer Schule ausmachen, ermöglicht einen weitgehend störungsarmen Schulalltag. Die kulturellen Gepflogenheiten und bekannten Durchführungsmodalitäten der Schule können beibehalten werden. Die Stabilität und bestehende Ordnung, die bis zum Ausfall der Schulleitung und des Lehrers bestand, erfährt keine nennenswerte Veränderung, sodass bei den Schülern keine Unruhe, Unsicherheit und Angst ausgelöst wird, ihr weiterer Ausbildungsverlauf könnte gefährdet sein.

Hilfe bei Kooperationen von Pflegeschulen

Auch für Kooperationen von Pflegeschulen ist ein Qualitätsmanagementsystem hilfreich. Unterschiedliche Denkweisen der Lehrer für Pflegeberufe über Struktur-, Prozess- und Ergebnisabläufe der dreijährigen Pflegeausbildung, verbunden mit einem sehr individuellen Kulturverständnis, blockieren häufig die Kooperationsgespräche. Vorhandene Verfahrensanweisungen erleichtern den Gesprächsaustausch. Schriftliche Aussagen über Vorgehensweisen bei der Durchführung der theoretischen und praktischen Ausbildung verringern zum einen die Emotionen und führen leichter zur sachlichen Diskussion zurück. Zum anderen ist durch eine Dokumentation der Gesprächsresultate und durch die Vergleichbarkeit der bestehenden Verfahrensanweisungen deutlich erkennbar, dass jeder Kooperationspartner Kompromisse eingegangen ist und aus dem Unterschiedlichen etwas Neues, Gemeinsames entwickelt werden konnte. Damit ist das häufig formulierte Problem bei Schulkooperationen „Groß schluckt Klein" oder „Wer wird die Rolle der Macht und wer die Machtlosigkeit übernehmen (müssen)?" geringer, wenn auch nicht gelöst. Festgehaltene Prozessbeschreibungen lassen sich leichter diskutieren und vergleichen.

4.4 Rahmenbedingungen schaffen

Unternehmensleitbild und -strategie

Damit Pflegeschulen mit dem Qualitätsmanagement beginnen können, ist es unabdingbar, tragfähige Rahmenbedingungen zu schaffen. Zu den Rahmenbedingungen gehört als erste und wichtigste Voraussetzung ein Unternehmensleitbild.

„Grundvoraussetzung eines umfassenden Qualitätsprozesses ist das Leitbild einer Einrichtung, das für alle Beteiligten verbindlich und transparent festschreibt, mit welchen Mitteln welche Ziele erreicht werden sollen. Diese Philosophie der Einrichtung ist selbst Produkt einer Initiative zu qualitätsorientierten Dienstleistungen und zugleich Grundlage für alle weiteren Schritte. Innerhalb des Pflegeausbildungsverbundes ist es sinnvoll und erforderlich, dass die Philosophien aller Ebenen miteinander in Einklang stehen. Die Prozessorientierung ist Kerngedanke der Bildungsarbeit und der Qualitätsidee. Die Prozesse des Lehren und Lernens sind ausgerichtet auf die festgeschriebenen und weiter zu entwickelnden Bildungsziele"(Robert-Bosch-Stiftung 2001, Seite 360).

Befugnisse/Verantwortlichkeiten und Qualitätsziele festlegen

Außerdem kann die Arbeit in den Pflegeschulen erst dann effektiv und effizient sein, wenn von der Geschäftsführung Qualitätsziele vorgegeben werden. Diese Vorgaben müssen mit einer Zielausrichtung und Struktur verbunden sein, um den Ausbildungsverantwortlichen in Theorie und Praxis Orientierung und Richtung anzugeben. Ungeklärte Strukturen und Kompetenzregelungen führen gerade in der Anfangsphase zu Blockaden und damit zu Motivationsverlust. Diese Hindernisse bringen den Prozess nicht nur ins Stocken, sondern vermitteln das Gefühl, dass ein Erfolg der Arbeit fraglich ist.

Das Grundgerüst, ein bestehendes Unternehmensleitbild und eine festgelegte Unternehmensstrategie für den Bereich Aus-, Fort- und Weiterbildung, müssen zu Beginn der Einführung eines Qualitätsmanagementsystems den Ausführungsverantwortlichen in den Pflegeschulen vorgestellt werden.

Kommunikation und Information

4.5 Informationen über die Ablaufphasen

Der Startschuss für den Beginn eines Qualitätsmanagements an den Pflegeschulen der Marienhaus GmbH und die weiteren Schritte lassen sich anhand der Übersicht in Abbildung 10 verdeutlichen.

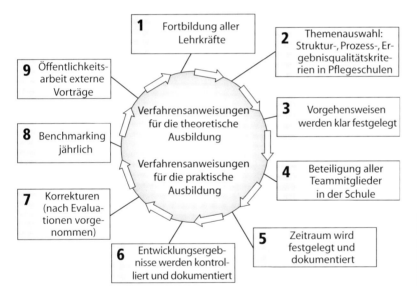

Abb. 10: Durchführungsschritte bei der Einführung des Qualitätsmanagementsystems nach DIN EN ISO 9000ff. in der Marienhaus GmbH

In der Abbildung 11 sind die Ablaufphasen beschrieben, nach denen die Pflegeschulen der Marienhaus GmbH das Qualitätsmanagementsystem gestalten.

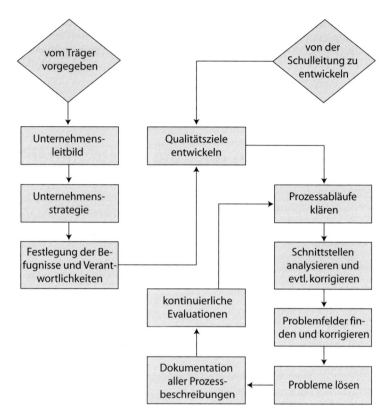

Abb. 11:
Ablaufphasen des
Qualitätsmanagements

4.6 Vorbereitung der Einführung

4.6.1 Phasen 1 und 2: Leitbild und Unternehmensstrategie

Werteorientierung

Die folgenden Auszüge aus dem Leitbild des Unternehmens und die festgelegte Unternehmensstrategie für den Bildungsbereich weisen auf die Richtung hin, in die Pflegeschulen in Zukunft gehen werden. Aufgrund der vielen Diskussionen über Sinn und Zweck eines Leitbildes ist es wichtig zu erwähnen, dass eine Hochglanzbroschüre mit hehren Zielen und fehlender Umsetzung eher kontraproduktiv für eine Unternehmenskultur ist. Ein Leitbild gibt keine fertigen Handlungsanweisungen. Es wird damit ein Orientierungsrahmen an die Hand gegeben, der richtungsweisend ist. Die Richtung weist auf ethisch-moralische Grundwerte hin, die es in allen Handlungen zu leben gilt. Sie können allerdings nur umgesetzt werden, wenn sie bekannt sind und bewusst ist, welcher Weg zu gehen ist, um dieses Ziel zu erreichen. Damit wird die Möglichkeit gegeben, in moralischer Freiheit, entsprechend dem Zentralprinzip abendländischer Ethik in Eigenverantwortung über das Wie von Handlungen zu entscheiden.

Ein Leitbild nimmt diese Verantwortung nicht ab. Es macht aber sehr deutlich, dass jeder Mitarbeiter im Unternehmen die vorgegebenen Normen in der Unternehmensphilosophie nicht einfach nur übernehmen kann. Sie kann nur durch ständiges Üben erwachsen und dadurch entwickelt werden, dass alle Handlungen einer Reflexion unterzogen werden, um zu einer moralisch sicheren Urteilsfähigkeit zu kommen. Doch gerade in Pflegeschulen und Krankenhäusern christlicher Trägerschaft müssen die Ausbildungsverantwortlichen erkennen, dass Führungsethik eine Form der Individualethik ist. Mittels Leitbild gibt ein Unternehmen den Rahmen für sein gewünschtes bzw. erwartetes Verhalten aller Mitarbeiter in diesem Unternehmen an.

Ständige Umsetzung

Eine Leitbildumsetzung geht jeden Mitarbeiter an und ist nicht nur für die Führungsetagen verbindlich. Mit jeder Tätigkeit werden Werte gelebt. Wenn Entscheidungen getroffen werden, wird Verantwortung für das Handeln übernommen und damit Rechenschaft abgelegt. Eine Entscheidung treffen zu können bzw. zu dürfen, ist gleichzusetzen mit der Ausübung von Macht. Wie diese erfolgt, hängt letztlich vom Menschenbild ab. Durch das Handeln in der Pflege, in der Schule oder in allen anderen Bereichen des Unternehmens kommt eine Orientierung an Werten zum Ausdruck. Diese Werteorientierung ist ebenso wichtig wie die Tätigkeit selbst.

Zielgruppen

Der Einsatz eines Leitbildes kann daher nicht abgewertet oder dafür verantwortlich gemacht werden, wenn die in dem Unternehmen arbeitenden Mitarbeiter, insbesondere auf der Führungsebene, individualethische Defizite aufweisen. Häufig kommt die Frage auf, warum man sich bei der Verwirklichung der Leitlinien anstrengen soll, wenn die Führungsverantwortlichen es nicht vorleben. Die Einhaltung der selbst zu verantwortenden und selbst gegebenen Werte kann nicht von anderen abhängig gemacht werden. Wenn Mitarbeiter nicht mit klaren Wertvorstellungen ihre tägliche Arbeit im Unternehmen umsetzen, können Vorbilder wenig ausrichten. Nach Reinhard K. Sprenger hat Vorbild-Sein eine passive Qualität. Keiner sieht ein Vorbild auf die gleiche Weise. Jeder bringt seine persönlichen Vorstellungen in den Prozess der Interpretation ein. Das Bild vom anderen wird sehr unterschiedlich erlebt. Was für den einen als positives Verhalten gewertet wird, lehnt ein anderer ab. Daher ist Vorbild-Sein eine passive Qualität, die nur durch andere zur aktiven Qualität gemacht werden kann. Vorbild ist jeder einzelne Mitarbeiter, da er eine einzigartige Persönlichkeit darstellt. Gerade für alle Verantwortlichen im Bildungsbereich gilt daher die Forderung, sich von der ständigen Außenleitung durch Vorbilder zu lösen und die Verantwortung für das eigene Handeln selbst zu übernehmen.

Selbstverantwortung unabhängig von Vorbildern

Die Umsetzung eines Leitbilds kann nicht vorgegeben werden. Entscheidungs- und Verantwortungsübernahme für christliche Werte in christlichen Pflegeschulen ist neben Personal-, Sozial- und Fachkompetenz Voraussetzung für eine Weitergabe christlicher Werte. Ohne diese eigene Richtschnur, ohne Wertvorstellungen, die gelernt wurden, wird es schwer, wenn nicht gar unmöglich sein, den Glauben an junge Menschen weiterzugeben. Es reicht nicht aus, theologisch-spirituelle Unterrichtsin-

Leitbild in christlichen Pflegeschulen

halte nur didaktisch gut aufzubereiten. Sinn des spirituellen Auftrages an Lehrer an Schulen in christlicher Trägerschaft ist der unermüdliche Versuch, trotz aller widrigen Umstände den Glauben verbal oder nonverbal weiterzugeben und ihm in der Persönlichkeit Ausdruck zu verleihen. Unabhängig davon, wie differenziert eine Projektbeschreibung über einen Ausbildungsablauf dokumentiert wird: Das Klima in einer Pflegeschule kann darin keinen Ausdruck finden. Wie die Räume in der Schule gestaltet sind, mit wieviel Wohlwollen Gespräche mit Schülern, Dozenten oder den Mitarbeitern im Krankenhaus geführt werden, mit welchem Engagement junge Menschen gefordert und gefördert werden – dies alles sind neben der Einstellung der Lehrer wesentliche Details, die eine christliche Pflegeschule ausmachen.

„Das Klima einer Schule wird von zahlreichen Komponenten mitbestimmt, unter denen die grundlegende Einstellung der Lehrenden und die aus dieser hervorgehende Begegnungskultur sicher die entscheidenden Faktoren sind. Ich liebe den amerikanischen Fachjargon nicht, aber ein Begriff hat es mir angetan, der kein deutsches Gegenstück hat: „commitment". Commitment bedeutet in unserem Zusammenhang die unwiderrufliche Wertschätzung aller Menschen, die zum System Schule gehören; die konsequente Verfolgung des Zieles, die eigendynamische Entwicklung und Entfaltung aller nach Kräften zu fördern, und das Bestreben, ein „edukatives Milieu" herzustellen. Eine Utopie? Gewiss! Aber eine verbindliche Utopie, vor allem für Schulen in kirchlicher Trägerschaft. Auch wenn nur ein Bruchteil des Ideals verwirklicht wird, ist schon viel geschehen. Worauf es ankommt, ist die Bereitschaft, sich für die Erreichung des Zieles einzusetzen. Wer für ein edukatives Milieu sorgt, sorgt immer zugleich auch für ein biophiles und redemptives Milieu, für Räume, in denen Verbindlichkeit in Freiheit möglich ist" (STENGER 1995).

Probleme bei der Vermittlung christlicher Werte

Es ist eine Vision, um eine passende Zukunft zu schaffen, denn eine Vision ist ein wesentlicher Energieträger für den Wandel. In einer Zeit der Werteveränderung ist diese Energie erforderlich, damit Lehrer christlicher Pflegeschulen den Schülern mit der notwendigen „Zivilcourage" begegnen und sich für die ethisch-moralischen Grundwerte einsetzen. Trotz Engagement und dem Willen der Lehrer gelingt es in der heutigen Zeit immer weniger, christliche Ziele in einer Pflegeschule umzusetzen. Der immer stärker nachlassende Einfluss der Kirche in unserer Gesellschaft und die Entwurzelung der christlichen Werte führt viele Jugendliche in die Ausbildung, die die Basis zum christlichen Glauben verloren bzw. nicht besessen haben, weil diese theologisch-spirituelle Basis im Elternhaus nicht mehr gelegt wird. Es besteht die große Gefahr, zu resignieren und den Kampf um die Vermittlung christlicher Werte aufzugeben.

Bedeutung der Strukturen

Georg Meier-Gerlich vertritt in seinem Buch „Organisationstheologie und Caritatives Management" die Meinung, dass es trotz immenser Anstrengungen eines einzelnen Mitarbeiters oder Gruppen im Gesundheitswesen nicht gelingen wird, das derzeitige Problem zu lösen. Jeder einzelne Mitarbeiter kämpft vergebens, wenn das strukturelle Problem des Gesundheitssystems nicht angegangen wird und die Manager nicht in der Lage sind, Strukturen zu schaffen, um ihre Unternehmensziele zu erreichen. Zu diesen gehört der Einsatz von Mitarbeiterstrukturen, von

Kommunikationsstrukturen und von Entscheidungsstrukturen. Nur mittels Strukturen können Prozesse in Bewegung gesetzt werden, indem über Abläufe reflektiert und diskutiert wird.

Bei der Beschreibung von Prozessabläufen in Verfahrensanweisungen sollte darauf geachtet werden, dass das Denken und Handeln nicht nur die Markt- und Kundeninteressen oder Mehrheitsvoten widerspiegelt, sondern dass gerade in christlichen Krankenhäusern auch diese christlichen Werte und theologischen Ideale in den Prozessen zum Ausdruck kommen. In den Prozessen muss die jeweilige Werthaltung der Pflegeschulen ihren Niederschlag finden. Bei katholischen Schulen gehören christliche Rituale ebenso wie fachliche Schwerpunkte in eine Verfahrensanweisung. Als Beispiele können Vorbereitungen zu katholischen Hochfesten (z. B. Advents-, Weihnachtszeit, Ostern), die Gestaltung von Räumen oder die Planung von Besinnungsstunden im Unterricht angeführt werden. Welche Möglichkeiten den Schülern eingeräumt werden, sich auf Gott zu besinnen und sie daran zu erinnern, dass es einen Gott gibt, der sich für sie interessiert, sei es durch Gottesdienste, Dankandachten oder Besinnungsstunden, ist ein weiteres Beispiel. Die Werthaltung der Pflegeschule geht auch aus den Kriterien in einer Prozessbeschreibung hervor, die Rückschlüsse zulassen, wie ein wohlwollender, vertrauensvoller Umgang in Akzeptanz und Toleranz in der Pflegeausbildung stattfindet. Die Einführung eines Qualitätsmanagementsystems kann daher, unterstützt durch das Leitbild, neben allen anderen Qualitätssteigerungen auch im Sinne einer Entwicklungschance für Auszubildende und Ausbilder angesehen werden.

Prozesse spiegeln Werthaltung wider

I. Wurzeln, aus denen wir kommen

Gottes Ja zum Leben ist die Grundlage unseres gemeinsamen Auftrages.

II. Grundsätze für die wir eintreten

1. Qualität zeichnet unsere Einrichtungen besonders aus. Basis unseres Qualitätsmanagements ist die konsequente Ausrichtung am Evangelium und am christlichen Menschenbild. Hohe professionelle Standards sind unser Ziel.

III. Menschen, für die wir da sind

Die Menschen, die zu uns kommen, befinden sich in einer besonderen, oft als bedrohlich empfundenen Lebenssituation. Wichtig ist uns eine ganzheitliche Betreuung, die dem Bedürfnis der uns Anvertrauten nach Zuwendung, Akzeptanz und Geborgenheit nachkommt.

Die Menschen, die zu uns kommen, erwarten von uns hohe Kompetenz. Das heißt:

Übersicht 2:
Auszüge aus dem Leitbild der Elisabeth-Stiftung – ein christliches Gütesiegel

2. Wir behalten die wirtschaftliche Stabilität unserer Einrichtungen stets im Auge. Wir sorgen für effizientes Arbeiten und tragen bei zu einer ökonomischen Ablauforganisation.

IV. Menschen, die mit uns arbeiten

Unsere Einrichtungen werden in besonderer Weise geprägt durch die Motivation der Mitarbeiter/innen.

3. Wir garantieren eine klare Stellen- und Aufgabenbeschreibung mit Delegation von Kompetenzen und Verantwortung und räumen den Mitarbeiter/innen damit Selbstständigkeit und Eigenverantwortung ein.

Die Fähigkeiten und Talente unserer Mitarbeiter/innen sind die Quelle unseres Erfolges.

4. Wir fördern Aus-, Fort- und Weiterbildung.
5. Wir stellen Ausbildungsplätze zur Verfügung und garantieren die besondere Berücksichtigung von Auszubildenden bei der Besetzung freier Stellen.

Der Mensch steht im Mittelpunkt unseres Handelns. Zur Bewältigung der uns gestellten Aufgaben und der Umsetzung unseres christlichen Unternehmensleitbildes brauchen wir Mitarbeiter/innen, die bereit sind, Verantwortung für sich und andere zu übernehmen.

V. Lebensräume, die wir mitgestalten

Wir sind mit unseren Einrichtungen in ein soziales, politisches und gesellschaftliches Umfeld eingebunden. Mit unserem spezifischen Profil treten wir selbstbewusst in diesem Umfeld auf.

6. Wir stehen im Wettbewerb mit anderen Anbietern und Trägern. Wir setzen Schwerpunkte, um wettbewerbsfähig zu sein und zu bleiben.

VI. Vorbild, an dem wir uns orientieren

Das Leitbild der St. Elisabeth-Stiftung ist ein Wegweiser für unsere Zukunft. Es bedarf der Umsetzung auf allen Ebenen des Unternehmens und einer ständigen inhaltlichen Auseinandersetzung.

Übersicht 3: Auszüge aus der Unternehmensstrategie für den Bereich Aus-, Fort- und Weiterbildung

1 Orientierung am Mitarbeiter

Strategischer Grundsatz: Die Orientierung am Mitarbeiter besteht u.a. aus Personalentwicklung, Fort- bzw. Weiterbildungsangeboten, Gestaltung angemessener materieller Rahmenbedingungen, aus der Wahrnehmung der MitarbeiterInnen als Wertschöpfungspotenzial und internen Kunden u.a.m.

1.1 Aus-, Fort- und Weiterbildung

Strategischer Grundsatz: Die Befähigung von MitarbeiterInnen und Leitungsverantwortlichen durch Personalentwicklung ist ein kontinuierlicher Prozess, der auf zukünftige Entwicklungen, Anforderungen und Bedarfe abgestimmt ist.

Zur Bereitstellung einer guten medizinischen, pflegerischen und pädagogischen Betreuung und Versorgung gehört deshalb eine umfassende Ausbildung sowie eine qualifizierte Fort- und Weiterbildung.

Sie ist Teil des Auftrages der St. Elisabeth-Stiftung.

Im Rahmen der finanziellen Möglichkeiten bildet die Marienhaus GmbH unabhängig vom eigenen Bedarf aus.

Fort- und Weiterbildungsmaßnahmen in den Bereichen Führungskompetenz und Persönlichkeitsbildung sowie Leitbild und Strategie sind originäres Interesse des Trägers, um Rahmenbedingungen für eine lernfördernde Organisationsstruktur und -kultur zu schaffen.

Strategisches Ziel: Bei der Aus-, Fort- und Weiterbildung wird eine hohe Qualität angestrebt. Die Vermittlung christlicher Werte erfährt eine besondere Berücksichtigung. Die Fort- und Weiterbildungsangebote orientieren sich über die gesetzliche Notwendigkeit hinaus am vorhandenen Potenzial der MitarbeiterInnen und am Bedarf des Unternehmens.

Angestrebt wird im Grundsatz eine regionale Zusammenführung zu Zentren für Aus-, Fort- und Weiterbildung.

1.1.1 Ausbildung

Strategisches Ziel: Die Zusammenarbeit und Kooperation mit anderen Schulen und Ausbildungseinrichtungen wird ausgebaut. Kooperationen mit anderen Trägern sind dabei möglich. Konzepte von integrierten Ausbildungen werden in Zusammenarbeit mit den Spitzenverbänden konsequent weiter verfolgt.

Konzepte für weitere und/oder neue Ausbildungsgänge werden marktgerecht entwickelt (z. B. für grundständige Ausbildung für die Bereiche OP, Radiologie, Endoskopie).

Mittelfristig werden die Ausbildungsangebote in den hauswirtschaftlichen, handwerklichen, technischen und kaufmännischen Bereichen ausgeweitet. Die Curricula basieren auf dem Stiftungsleitbild.

1.1.2 Fort- und Weiterbildung

Strategisches Ziel: Zur wirtschaftlichen Stabilität der Aus-, Fort- und Weiterbildungsstätten und zur Realisierung von Synergieeffekten wird der bereits begonnene Prozess der Zusammenlegung konsequent fortgesetzt.

> Die Fachweiterbildungsstätten für Pflegeberufe, die bislang direkt den Krankenhäusern angegliedert sind, werden den Bildungszentren für Aus-, Fort- und Weiterbildung zugeordnet.
>
> Die Ausbildung und Entwicklung von MitarbeiterInnen wird verstärkt vorangetrieben. Der Prozess und das Instrumentarium für eine systematische Fort- und Weiterbildung werden weiter ausgebaut.

4.6.2 Phase 3: Festlegung der Befugnisse und Verantwortlichkeiten

Organigramm

Der nächste Schritt ist die verbindliche Festlegung der Befugnisse und Verantwortlichkeiten für die theoretische und praktische Ausbildung. Auch wenn nach dem Krankenpflegegesetz die Verantwortung bei der Schulleitung liegt, gehören Absprachen und Delegation zum täglichen Schulalltag. Bei fehlenden Kompetenzabgrenzungen zwischen den Ausbildungsverantwortlichen besteht die Gefahr, dass es durch Unwissenheit oder durch Missverständnisse zu Konflikten kommt.

Eine große Hilfe stellt das Organigramm des Krankenhauses dar, in dem die fachliche und disziplinarische Zuordnung der Schulleitung, der Lehrer der Pflegeschule und die Praxisanleitung für die theoretischen und praktische Ausbildung geregelt ist.

4.6.3 Phase 4: Erarbeiten der Qualitätsziele

In der Marienhaus GmbH unterstehen die Schulleitungen der Pflegeschulen der Geschäftsführung. In den Schulleiterkonferenzen, die dreimal jährlich mit den Schulleitungen der Schulen und der Geschäftsführung stattfinden, werden zunächst für alle Schulen verbindliche Qualitätsziele festgelegt. Dazu kommen noch jährliche Zielvereinbarungen mit den einzelnen Schulen, die individuell auf die jeweilige Pflegeschule abgestimmt sind.

Qualitätsziele der Marienhaus GmbH

Zu den Qualitätszielen, die seit 1995 durch den Träger festgelegt und seitdem von den Schulen in kleinen Schritten umgesetzt werden, gehören:

- die Durchführung des theoretischen AKOD-Curriculums (Begriff siehe Seite 118) „Pflegen können",
- die Erbringung einer festgelegten Anzahl von Unterrichtsstunden für Schulleitungen und Lehrer für Pflegeberufe,
- die Erarbeitung eines Bewerberauswahlverfahrens auf der Basis eines modifizierten Assessment-Centers,

- die Gewährleistung eines qualifizierten theoretischen Unterrichtes durch die Einhaltung einer Klassenstärke von maximal 25 Schülern. Bei einer höheren Schülerzahl pro Ausbildungskurs müssen die Schüler verteilt auf zwei Kurshälften unterrichtet werden.

Mit der Einführung eines Qualitätsmanagementsystems kommt ein weiteres allgemeingültiges Qualitätsziel hinzu. In einer Schulleiterkonferenz herrschte Einigkeit darüber, dass es notwendig ist, alle Schulteams der Pflegeschulen vor Ort an ihrer Pflegeschule in der Philosophie, dem Sinn und Zweck, Vor- und Nachteilen und Voraussetzungen für die beginnende Einführung des Qualitätsmanagementsystem nach der DIN EN ISO 9001 zu unterrichten. Es war damit das Ziel verknüpft, dass alle Lehrer der Pflegeschule bei laufendem Schulbetrieb daran teilnehmen können. So erhielten alle die gleiche Information, und es bestand zudem die Möglichkeit, über anstehende Fragen zu diskutieren und aufkommende Problemfelder umgehend anzusprechen. Erst nach dieser eingehenden Schulung und der Auseinandersetzung mit der bevorstehenden Arbeit begann man im März 2000 offiziell mit der Einführung. Der Zeitrahmen für den gesamten Projektverlauf, der alle Verfahrensanweisungen für die theoretische und praktische Ausbildung einschließt, wurde auf März 2003 festgelegt.

Schulung

4.7 Schulungsphase in den einzelnen Pflegeschulen

Nach einer Terminabsprache mit der Schulleitung der Pflegeschule erfolgte die Planung für den Ablauf der Schulung. Den Beginn bildete ein dreistündiger Vortrag mit Diskussion über das einzuführende Qualitätsmanagementsystem. Weitere Maßnahmen nach der Schulung gab es nicht. Das Schulteam der Pflegeschule sollte zunächst Gelegenheit haben, sich in Teamsitzungen über das Qualitätsmanagementsystem auszutauschen. In der Informationsveranstaltung sind zunächst folgende Fragen geklärt worden:

Informationsveranstaltung

- Was beinhaltet der Begriff?
- Ist ein Qualitätsmanagementsystem gleichbedeutend mit Qualität?
- Welche Gründe sprechen für die Einführung eines Qualitätsmanagementsystems?

4.8 Durchführungsphase

4.8.1 Schwierigkeiten in der Anfangsphase

Bewältigung der Mehrarbeit

Die Forderungen, ein Qualitätsmanagementsystem an den Pflegeschulen einzuführen, führte nicht zu der Resonanz, die aufgrund der immer häufiger gestellten Nachfragen nach Transparenz über die Arbeit in Pflegeschulen – sei es intern durch die Direktorien der Krankenhäuser oder extern durch die Öffentlichkeit – zu erwarten gewesen wäre. Nicht die Angst und Unsicherheit vor dem Unbekannten alleine führte dabei zu Widerständen, sondern eher der Umgang mit der zusätzlichen Arbeitsleistung. Die Schulungsphase hatte deutlich gemacht, dass eine Mehrarbeit und damit enorme Belastungen auf die Schulteams zukommt.

Günstig wirkte sich dabei aus, dass die Bedenken gegen die Einführung eines Qualitätsmanagementsystems nicht von allen Schulleitungen geteilt wurden. Die berufbildungspolitischen Entwicklungen, Pflegeausbildungen neu zu gestalten, hatte bereits viele Schulleitungen sensibel für das Thema gemacht. Die Ankündigung eines veränderten Krankenpflegegesetzes mit neuen Schulformen, Strukturen und Inhalten wiesen deutlich auf einen Umbruch in der Pflegeausbildung hin.

Rolle der Schulleitungen bzw. Schulteams

In den Gesprächen mit den Schulteams in den einzelnen Pflegeschulen herrschte die Überzeugung vor, dass in Zukunft ein Beitrag zur Qualitätssicherung und zur Transparenz der Pflegeausbildung geleistet werden muss. Zweifel bestanden nur hinsichtlich des Zeitpunkts, da noch kein Gesetzgeber ein Qualitätsmanagementsystem fordert bzw. kaum eine Pflegeschule damit begonnen hat. Die teilweise kontroversen Diskussionen innerhalb der Schulleitertagungen oder vor Ort in den Pflegeschulen veränderten die Einstellung zu dem Arbeitsauftrag positiv. Es wurde nach vielen „Für" und „Wider" in den Diskussionen die Meinung vertreten, dass sich der Arbeitsumfang in einem angemessenen Zeitrahmen und ohne eine „Muss" durch den Gesetzgeber mit mehr Motivation angehen lässt und die Qualität der erbrachten Leistung weitaus höher bewertet werden kann.

Kein Zeitdruck

Der Zeitdruck konnte für die Schulteams bei dem anstehenden Arbeitsauftrag dadurch minimiert werden, dass ihnen für die Bearbeitung der Verfahrensanweisungen ein Zeitrahmen von drei Jahren eingeräumt wurde. Ängste und Unsicherheit konnten allerdings auch mit dieser Zusicherung nicht genommen werden. Auch wenn dieser Zeitrahmen für den Aufbau eines Qualitätsmanagementsystems großzügig bemessen war, erforderte es von der Schulleitung die Organisation eines Zeitmanagements, ohne zu Anfang die Handhabung, den Umfang und Zeitaufwand des Arbeitsaufwandes der Prozessbeschreibungen einschätzen zu können.

Im Mittelpunkt: Erhöhung der Ausbildungsqualität

Motivationsfördernd war die nachvollziehbare Intention des Trägers, nicht den finanziellen Gesichtspunkt in den Vordergrund zu stellen, sondern die Qualität der Ausbildung und damit die Erhöhung der Wettbewerbsfähigkeit der Schulen. Mit dem vorgegebenen Zeitrahmen konnte den Schulleitungen auch vermittelt werden, dass es dem Träger nicht um eine Öffentlichkeitsdarstellung bzw. um eine Zertifizierung aus Marketinggründen geht. Zukunftssicherung der Schulen durch nachweisbare Qualität in Schulen benötigt Zeit und ist nicht von einer Zertifizierung externer Begutachter abhängig. Gerade in der Aufbau- und Entwicklungsphase eines Qualitätsmanagementsystems sollen Qualitätsentwicklung und Qualitätssteigerung, verbunden mit der Verankerung christlicher Ziele, die wesentlichen Kriterien sein.

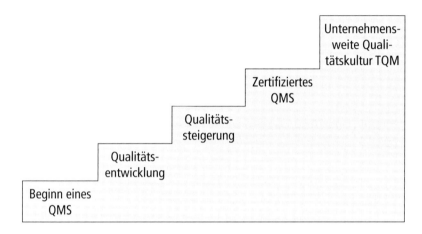

Abb. 12: Der Weg der kleinen Schritte. TQM = Total Quality Management; QMS = Qualitätsmanagementsystem

Der Träger will erst nach Abschluss aller Prozessbeschreibungen der gesamten Ausbildung entscheiden, ob eine Zertifizierung als „Bonbon" für geleistete Arbeit der Schulteams von Nutzen sein kann.

„Das Zertifikat ist nicht der Grund für die Einführung des QM-Systems, sondern nicht mehr und nicht weniger als die Bestätigung eines Fachmanns, dass man auf dem richtigen Weg ist. Und man mache sich nichts vor. Das gilt nur soweit, wie ein Externer das überhaupt beurteilen kann. Der Marktzwang, der hinter dem Zertifikat steht, ist ein hervorragender Katalysator für die Einführung des QM-Systems – mehr nicht!" (NIEHOFF 1996).

4.8.2 Aufbau einer Verfahrensanweisung

Es ist ratsam, in der Anfangsphase einfache Instrumente zu nutzen, um Prozesse übersichtlich und klar strukturiert zu dokumentieren. Die Instrumente sollen den jeweiligen Anforderungen an Problemerkennung und -analyse der Schule angepasst sein, aber die zeitlichen und personellen Kapazitäten mit berücksichtigen. Ziel war es, Instrumente und Methoden einzusetzen, die folgende Forderungen erfüllen: Sie sollten

Anforderungen an die Instrumente

- einfach anzuwenden sein, d.h. sie sollten übersichtlich, kurz und für jeden Mitarbeiter nachvollziehbar sein,
- mit geringem technischem Aufwand zu handhaben sein,
- den Prozess plausibel und einsichtig beschreiben und von jedem Teammitglied eingesehen werden können,
- auf zusätzliche Lernfelder, wie z. B. den Umgang mit Flussdiagrammen, in der Anfangsphase verzichten.

Tabellen

Die oben genannten Forderungen lassen sich gut mithilfe einer Tabelle darstellen. Einzelne Prozessschritte lassen sich dadurch systematisch und übersichtlich nachvollziehen. Korrekturen durch Einfügungen oder Veränderungen sind schnell und ohne größeren Aufwand in den Prozess einzubauen.

Beispiel:

Welche Aufgaben?   Bis wann?   Wer verantwortlich?

Weitere Kriterien

Erst nach Abschluss aller Verfahrensanweisungen in Form einer tabellarischen Aufstellung ist eine Erweiterung der Prozessablaufbeschreibung um folgende Kriterien vorgesehen:

- Für jede Verfahrensanweisung wird die Zielsetzung festgelegt.
- Es wird der Geltungsbereich angegeben.
- Begriffe werden definiert, um die einzelnen Prozessschritte besser zu verstehen.
- Durch Angabe eines Revisionsstandes wird der Evaluationstermin bestimmt.
- Mit der Unterschrift und der Freigabe durch die Schulleitung ist die Verbindlichkeit gegeben.
- Anlagen ergänzen den Prozess und erleichtern die Denk- und Durchführungsschritte.

Die Nachbesserung der Verfahrensanweisungen um die oben genannten Kriterien macht die Aufbau- und Ablaufbeschreibung zu einer Prozessbeschreibung. Bereits internalisierte und routinemäßig ablaufende Verfahren müssen durch Festlegung der Zielsetzung jedes Prozesses und Bestimmung des Geltungsbereiches auf ihren Sinn hinterfragt werden. Diese Evaluation nach Dokumentation von Prozessschritten ist nur möglich, wenn Schulleitung und Schulteam einer Pflegeschule diese Prozesse schon häufig durchgeführt haben und nur die Dokumentation bisher fehlte. Schwierig und sehr arbeitsintensiv wird der Arbeitsauftrag, wenn diese wichtigen Voraussetzungen nicht vorhanden sind.

Fallbeispiel:

Eine Krankenpflegeschule musste sich wegen eines plötzlichen, krankheitsbedingten Ausscheidens der Schulleitung und einer Lehrerin personell neu formieren. Für den Aufbau eines Qualitätsmanagements standen der Schulleitung und dem Schulteam Formulare, Dokumente, Erfahrungen aus den Praktika während des Fachhochschulstudiums und theoretische Kenntnisse des Pädagogikstudiums zur Verfügung. Damit konnte nicht auf Ablaufverfahren früherer Jahre zurückgegriffen werden. Somit stand ein wesentlicher Prozess an erster Stelle. Die Teamentwicklung durch Aufbau eines gemeinsamen Pflegeverständnisses, Kooperation, Koordination und Durchführung der alltäglichen Ausbildungsaufgaben hatten zunächst Priorität, damit Ausbildungsqualität gewährleistet werden konnte. Es war sicher ein Glücksfall, dass das Fähigkeiten- und Stärkeprofil der Lehrer an dieser Schule sehr günstig zusammenpasste. Es entwickelte sich bei allen Problemen, die auf das Team zukamen, ein positiver Teamgeist und ein konstruktiver Arbeitsstil. Arbeitsablauffragen standen täglich zur Diskussion an. Sie mussten gemeinsam geklärt, koordiniert und erfüllt werden: ein Beweggrund, der Schulleitung und Schulteam veranlasste, den kompletten Umfang der Prozessbeschreibungen bereits von Beginn an zu erarbeiten. Auch dieser enorme Arbeitsaufwand wurde in dem vorgegebenen Zeitraum mit einem hohen Engagement bewältigt. Hilfreich zeigte sich bei der formalen Gestaltung zur Bearbeitung der Prozesse die enge Zusammenarbeit mit dem Qualitätsbeauftragten im Krankenhaus.

Es wirkt sich im Kommunikationsaustausch Schule–Krankenhaus positiv aus, wenn die Pflegeschule als eine Abteilung des Krankenhauses sich inhaltlich mit dem Qualitätsbeauftragten abspricht und kein gesondertes Formular für Verfahrensanweisungen entwickelt. Die starke Vernetzung zwischen praktischer und theoretischer Ausbildung zielt darauf ab, eine gemeinsame Sprache und Struktur zur Beschreibung der Prozessabläufe zu finden, die verbindet und nicht ausgrenzt. Auch wenn sich der Bildungsbereich vom Krankenhauswesen in den Geschäftsprozessen unterscheidet, kann nur ein intensiver Austausch und eine gute Zusammenarbeit mit dem Qualitätsbeauftragten des Krankenhauses die gewollte Transparenz im Ablauf einer Pflegeausbildung sicherstellen. In den Einrichtungen der Marienhaus GmbH wurde das Miteinander zwischen Praxis und Theorie dadurch gefördert, dass die Pflegeschulen die von den Praktikern im Krankenhaus erarbeiteten inhaltlichen und strukturellen Vorgaben einer Verfahrensanweisung übernommen haben.

Kommunikationsaustausch Schule–Krankenhaus

Im Folgenden wird der Aufbau und Inhalt einer Verfahrensanweisung dargestellt.

Übersicht 4:
Verfahrensanweisung –
Aufbau und Gliederung

Verfahrensanweisung xx.xx

Revisionsstand:

Verfahrensverantwortlicher: ((Name))

Erstellt:	Geprüft:	Freigegeben:
von: ((Name))	von: ((Name))	von: ((Name))
am: ((Datum))	am: ((Datum))	am: ((Datum))
_____	_____	_____
(Unterschrift)	(Unterschrift)	(Unterschrift)

Vorbemerkungen

Verfahrensanweisungen werden grundsätzlich einheitlich gegliedert und umfassen immer dieselben Gliederungspunkte. Ist ein Punkt nicht belegt, ändert sich die Nummerierung nicht. Die Überschrift wird aufgeführt. Im Text erfolgt der Vermerk „Entfällt". Dem Text kann ein Inhaltsverzeichnis vorangestellt werden.

- = Aufzählung der ersten Stufe
    - = Aufzählung der zweiten Stufe
        - = Aufzählung der dritten Stufe.

Zweck und Ziel

Unter Zweck und Ziel wird aufgeführt, welcher Sachverhalt geregelt werden soll (z. B. „Diese Beschreibung regelt die Erstellung von Verfahrensanweisungen").

Hintergründe zur Notwendigkeit der Regelungen können genannt werden (z. B. „Durch diese Beschreibung soll erreicht werden, dass die Erscheinungsweise von Anweisungen einheitlich ist").

Geltungsbereich

Der Geltungsbereich gibt an, in welchem Bereich des Krankenhauses und ggfs. von wem die Verfahrensanweisung anzuwenden ist. Bewährt hat sich dabei eine Matrix, die alle Bereiche des Krankenhauses benennt. Der Geltungsbereich wird durch Ankreuzen eindeutig bestimmt. So gibt folgende Beispielmatrix an, dass diese Anweisung nur in den Bereichen Pflegedienst Chirurgie, Innere und Intensivpflege Gültigkeit besitzt.

Ärztl. Dienst	Pflegedienst	Funktions-dienst	Wirtschafts-dienst	Verwaltungs-dienst	Verschiedene
☐ Innere + Stroke	☒ Stat. Innere/Stroke	☐ Endo/Sono/EKG	☐ Technischer Dienst	☐ Personalab-teilung	☐ Seelsorge
☐ Früh-Reha	☐ Stat. Früh-Reha	☐ Physik. Therapie	☐ Hol- u. Bring-dienst	☐ Rechnungs-wesen	☐ Hygiene
☐ Chirurgie	☒ Stat. Chirur-gie	☐ Chirurg. Ambulanz	☐ Einkauf, Lager	☐ Betriebsw. Controlling	☐ IBF
☐ Gyn. & Geburtsh.	☐ Stat. Gynäko-logie	☐ Zentral-OP + Steri	☐ Zentralküche	☐ Medizin. Controlling	☐ Sozialdienst
☐ Radiologie + Nuk	☐ Kreißsaal	☐ Röntgen	☐ Cafeteria	☐ EDV & IT	☐ QUALITÄTS-MANAGEMENT
☐ Anästhesie	☒ Stat. Intensiv	☐ Anästhesie	☐ Bettenzen-trale	☐ Pforte, Ztr. Aufnahme	☐ MAV
☐ Urologie	☐ Stat. Urolo-gie	☐ Urologische Ambulanz	☐ Wäscheverwaltung	☐ Zentrales Schreibbüro	☐ Krankenpflege-schule
☐ Orthopädie	☐ Stat. Ortho-pädie	☐ Ergotherapie	☐ Int. Reinig.-dienst	☐ Stationsse-kretariate	☐ Patientenfür-sprecher
☐ HNO	☐ Stat. HNO	☐ Logopädie	☐ Ext. Reinig.-dienst	☐ Archiv	☐ Zentralapo-theke
☐ Betriebs-arzt	☐ Pflegeber.lei-tung	☐ Labor	☐ Nähzimmer	☐ Patienten-bücherei	☐ Personalwohn-heim
☐ Ärztl. Direktor	☐ Pflege-Direktor	☐ Sr. Oberin		☐ Kaufmänn. Direktor	☐ ALLE MITAR-BEITER

Diese Anweisung muss in allen gültigen Bereichen vorliegen, d.h. eine Auflistung des Verteilers entfällt. Geltungsbereich und Verteiler stimmen überein.

Begriffe

Unter diesem Punkt können wichtige oder missverständliche Begriffe geklärt und erläutert werden. Er ist nicht ein Glossar zum Qualitätsmanagement oder ein medizinisches Lexikon. Er soll nur Begriffe klären, die aufgrund von Fehlinterpretationen bei der Umsetzung der Verfahrensanweisung zu Fehlern führen können, z. B.: „Unter Verfahrensanweisung wird im Folgenden eine Beschreibung eines Ablaufs oder einer Handlungskette verstanden."

Vorgehensweise

Hier wird der eigentliche Verfahrensablauf geschildert. Die Beschreibung sollte ausreichend in die Tiefe vordringen. Vor allem die strittigen Detailfragen sollten geklärt und benannt sein, nicht jedoch Lehrbuchinhalte, Selbstverständlichkeiten oder wenig fehlerhafte Abläufe.

Wenn es Sinn macht, kann der Ablauf auch visualisiert dargestellt werden. Bewährt hat sich hierbei vor allem die Form eines Flussdiagramms, einer Matrix, einer Tabelle oder eines Entscheidungsbaumes.

Bei einer Tabelle sollten folgende Informationen enthalten sein:

Welche Aufgaben?	Bis wann?	Wer verantwortlich?

• Beschreibung der Aufgabe
– Unterpunkt
– Unterpunkt …
  ‣ Unterpunkt
  ‣ Unterpunkt …
 	
Verweis auf Formular		

Dokumentation

Unter dem Gliederungspunkt Dokumentation kann angegeben werden, welche Aufzeichnungen in diesem Ablauf erstellt worden sind, wo sie aufbewahrt werden und wie lange die Aufbewahrungsdauer der Dokumente ist. Sind die Inhalte bereits in einer Verfahrensanweisung „Dokumentation" geregelt, brauchen die Regelungen nicht noch einmal aufgeführt werden. Die Darstellung erfolgt sinnvollerweise in Form einer Tabelle:

Bezeichnung	Zuständig für Erstellung	Zuständig für Archivierung	Ablage	Dauer	Zugriffsberechtigung

Unterlagen und Anlagen

Unter diesem Gliederungspunkt werden Dokumente und Regelungen genannt, deren Inhalte für den beschriebenen Ablauf wichtig sind.
- ProzB 8.2: …
- AA 8.2-02-01: …

Als Anlagen können der Verfahrensanweisung Formulare oder Musterbeispiele beigelegt werden, z. B.:

Formblatt 1: Formblatt zur Planung und Erfassung von Kurzreferaten

4.8.3 Durchführungsschritte und -hilfen zum Verfassen von Verfahrensanweisungen

Zunächst war geplant, den Pflegeschulen die Freiheit zu lassen, aus der Tabelle „Prozessbeschreibungen aus der Struktur-, Prozess- und Ergebnisqualität" wichtige anstehende Prozesse zu wählen und diese in Form einer Tabelle zu dokumentieren. Allerdings verhinderte der Schulalltag durch viele unvorhersehbare Problembewältigungen, sich mit den Verfahrensanleitungen für das Qualitätsmanagementsystem zu beschäftigen. Es wäre notwendig gewesen, die einzelnen Phasen einer theoretischen und praktischen Pflegeausbildung zunächst zu analysieren, um dann eine Priorisierung der vorrangig durchzuführenden Prozessbeschreibungen vorzunehmen.

Nachdem bereits ein halbes Jahr vergangen war, hatten die Schulen sich noch nicht mit den Verfahrensanweisungen vertraut gemacht. Der Austausch über die Gründe und Schwierigkeiten mit den Schulleitungen führte dazu, dass eine Analyse sämtlicher Prozesse über den gesamten Ausbildungsablauf der drei Ausbildungsjahre erstellt wurde. Zur Übersichtlichkeit und Überschaubarkeit wurden die zu bearbeitenden Prozesse zunächst für die theoretische, später für die praktische Ausbildung aufgeteilt. *(Prozessanalyse der Ausbildung)*

Wie die folgende Zusammenstellung zeigt, sollte den Schulteams neben den zu bearbeitenden Prozessen eine Denkstütze in Form eines Ideenspeichers mitgegeben werden. Darin sind Kriterien aufgeführt, die die Möglichkeit bieten, sich während der Bearbeitung der Verfahrensanweisung, die ja eher außerhalb als während des laufenden Prozesses stattfindet, in Abläufe hineinzuversetzen und sich an Details zu erinnern. *(Theoretische Verfahrensanweisung)*

1. **Bewerberauswahlverfahren**

- Auswahlkriterien
- Umgang mit den Bewerbungsunterlagen
- Auswahlverfahren (Gespräch, Tests, Assessment)
- Einladungsverfahren (Einzel; Gruppen)
- Vertragsmodalitäten

(Prozessbeschreibungen durch eine Verfahrensanweisung und Ideen-/Merkspeicher)

2. **Verfahren von der Zusage bis zum Ausbildungsbeginn** (kann auch im Punkt 5. beschrieben werden)

- Schülerausweise erstellen
- Listen zusammenstellen (neuer UK)
- Bücherbestellung· Termin für Kleideranprobe
- Termin für Betriebsarzt
- Einladungsschreiben
- Namensschilder vorbereiten

3. **Kenntnisnahme der gesetzlichen und trägerbezogenen Vorgaben**

- Krankenpflegegesetz
- Letztes RP-Protokoll
- Arbeitszeitgesetze

- AKOD-Curriculum
- Stoffverteilungsplan

4. **Jahresplanung**

- Wann/wer/wo/wie?
- Kalender (Ferien- und Urlaubsplanung)
- Blockzeiten, Urlaubszeiten von vier Kursen
- Ein Kurs mindestens auf Station, ein Kurs maximal im Urlaub
- Festlegung der Studientage (Wann fallen diese aus?)
- Seminartermine auswählen
- Examenstermine mündlich auswählen für nächstes Kalenderjahr
- Erstellen, Überprüfen bzgl. Rahmenbedingungen, Erstellen und Verteilen des Schulplans

5. **Einführungsblock planen**

- Termin für Erste Hilfe-Kurs ein halbes Jahr vorher festlegen (Mai/Oktober, Checkliste)
- Termin mit KK-Vertreter vereinbaren
- Begrüßungstermin festlegen mit PDL und Oberin
- Schultüten basteln
- Information und terminliche Abgleichung mit verschiedenen Stellen im Haus (Küche, Verwaltung, Wohnheimverwaltung, Betriebsarzt, Dienstkleidungszentrale, MAV)
- Bücher bestellen, zur Verteilung vorbereiten (Listen anlegen)
- Bastelmaterial für „Team-Projekt" vorbereiten (von Stationen sammeln lassen, Farben von Malerwerkstatt besorgen, Scheren, Kleber, Papier u.a. bereitstellen)
- Begrüßungsfeier von Mittelkurs vorbereiten lassen
- Räume vorbereiten für den Beginn
- Karteikarten, Schülerausweise, Klassenbuch, Praxismappen, Merkblätter vorbereiten
- Blockauswertung

6. **Festlegung der Teilbereiche für den entsprechenden Ausbildungsabschnitt (kursbezogen), Blockplanung**

- Stehen noch inhaltliche Unterrichtsstunden vom vorausgegangenen Block offen?
- Müssen Inhalte vorgezogen werden (Aktualität)?
- Ermittlung des Lernstandes der Gruppe/Kurs
- Sind Termine zu vereinbaren für Exkursionen mit anderen Einrichtungen?
- Filmbestellungen

7. **„Suchen" und „Finden" nebenamtlicher Dozenten**

- Hausintern oder extern, Suche und Auswahl
- Briefe an das Arbeitsamt, Kontakt zu umliegenden Schulen
- Einladung der Dozenten, Gespräch mit Dozenten (Absprachen, Prüfungen, Vereinbarungen)

8. **Themenvergabe an die nebenamtlichen Dozenten**
- Inhaltliche Absprachen anhand des Curriculums
- Methodenhilfe
- Dozenten die Kurse vorstellen

9. **Aktualisierung der Blockplanung/Schultage** (alle Kurse gesamt)
- Stoffverteilungsplan für den jeweiligen Kurs und Klassenleitung
- Ideen und Kritik einarbeiten (z. B. Feiergestaltung)
- Hygieneänderung einarbeiten/Umstellungen
- Veränderungen der Inhalte des theoretischen Curriculums

10. **Stundenplanerstellung des jeweiligen Blockes/Studientage** (steht in Verbindung mit Punkt 6.)
- Vorgabe: sinnvoller inhaltlicher Zusammenhang
- Terminabsprachen
- Freistunden planen
- IBF-Programm prüfen – Unterrichtsteilnahme des Kurses

11. **Themenvergabe an die hauptamtlichen Lehrkräfte**
- Absprachen (Wer macht welche Themen?, Anwesenheit/Belastung)

12. **Unterrichtsvorbereitung**
- Skripte überarbeiten
- Neue Literatur/Erkenntnisse einarbeiten
- Vorhalten von Vertretungsstunden
- Arbeitsaufträge/Referate/Hausarbeiten
- Räume, Medien, Sitzordnung, Ambiente

13. **Unterricht erteilen**
- Pünktlichkeit
- Feste Unterrichtszeiten
- Pausenregelung
- Ergebnissicherung

14. **Unterrichtsnachbereitung**
- Kritik am Unterricht/Auffälligkeiten festhalten
- Ideen

15. **Externe Unterrichtsveranstaltung**
- Seminarplanung und -durchführung
- Fahrtenplanung und -durchführung
- Besuche vorbereiten (inhaltlich, Wegbeschreibungen, Autobestellung, Busbestellung, Reisekostenabrechnungen, Fortbildungsanträge)

16. **WB/IBF-Unterricht erteilen und mitplanen**
- Absprachen terminlich und inhaltlich

- Kommunikationsseminar/Sterbeseminar in Praxisanleiterkurs und Weiterbildungskurs

17. Hospitation der nebenamtlichen Dozenten
- Checkliste zu Hospitationen – Beobachtung
- Nachbesprechung der Hospitationen

18. Hospitation der hauptamtlichen Dozenten

19. Dozentenbetreuung
- Kontakte, Rückmeldung (Einzelkontakt)
- Konferenz
- Weihnachtskarten
- Dozentenabrechnung (extern/intern, Statistik)

20. Blockabschluss
- Praxisaufgaben für den Stationseinsatz austeilen und besprechen
- Schülerfehlzeitenkontrolle
- Klassenbuchkontrollen

21. Leistungskontrollen Theorie
- Bewertungsgrundlagen/Notenschema/Antwortschema
- Häufigkeit und Art der Leistungskontrollen
- Probezeit und Rest der Ausbildung
- Beaufsichtigung der Klausuren
- Klausurnachschreibekriterien, Korrektur, Archivierung

22. Theorie: Zwischenprüfung
- Absprachen mit dem Kurs über Umfang
- Erstellen und Einplanen

23. Schülergespräche Probezeit
- Probezeitkriterien
- Terminliche Festlegung und Häufigkeit (Sobald schlechte Leistungen/Wer?)

24. Fördergespräche Schüler
- Häufigkeit und Inhalt
- Checkliste (BUF)

25. Regelkommunikation im Schulteam
- Fördergespräche
- Teamsitzungen

26. Regelkommunikation mit Praxis
- Stationsleitersitzung (EKH/MKH)

- Sitzung mit den Stationen nur zum Thema Ausbildung

27. Curriculumarbeit
- Kontinuierlicher Prozess
- Evaluationskriterien

28. Schulentwicklung
- Eigene FB
- Zielvereinbarungen
- Gremienarbeit
- Regelkommunikation mit dem Direktorium
- Zusammenarbeit mit der Aufsichtsbehörde (jährliche Meldung der Zahlen Lehrer/Schüler, Dienstversammlungen, Prüfungsevaluation, Prüfung der Anerkennung, Erweiterung der praktischen Einsatzgebiete)

29. Praktikantenbetreuung
- Unterrichtshospitationen
- Schulprojekt
- Begleitung und Beratung in Organisationsabläufen

30. Schulorganisation
- Statistische Schülerverwaltung
- Statistische Erhebungen (Stundenzahl etc.)
- Medienverwaltung und -wartung, Investitionsantrag, Literatursichtung und Bestellung
- Ersatzbeschaffungen, Reparaturen
- Büro- und Administrationsmaterial bereithalten
- Raumplanung und -ordnung durchführen (Unterrichtsräume, Meditationsraum, Demonstrationsraum, Bücherei, Medienraum, Büroräume, Besprechungsraum)
- „Feierkultur" (Festvorbereitungen und -durchführungen)

31. Erreichen der qualitativen und quantitativen theoretischen Zielsetzungen
- Evaluationskriterien
- Evaluation des Prüfungsergebnisses

32. Ablauf des gesamten Prüfungsverfahrens
- Fragenerarbeitung für das Endexamen (falls keine zentrale Prüfung)
- Schreiben an das Landesamt
- Bestellen des Prüfungsausschusses für schriftliche, praktische und mündliche Prüfung)
- Unterlagen der Prüflinge zusammenstellen (Gesundheitszeugnis, polizeiliches Führungszeugnis, Zulassung zur Prüfung)
- Durchsicht und Korrektur der Prüfungsprotokollformulare
- Ablaufbeschreibungen der einzelnen Prüfungsabschnitte
- Einladungen zur Prüfung (Schüler, Dozenten)

- Gestaltung der Prüfungsabschnitte (Rahmen)
- Abschluss der Prüfung

Modalitäten

Um den vorgegebenen Zeitrahmen einzuhalten, wurde für das Abfassen der theoretischen Prozessbeschreibungen die Hälfte des Gesamtzeitrahmens von 18 Monaten angesetzt. Somit hatten die Teams der Pflegeschulen die Freiheit, Ablauf und Zeitraster selbst zu bestimmen. Reihenfolge und Inhalte konnten in jeder Pflegeschule diskutiert und nach der an der Schule praktizierten Organisationsform verändert werden. Die Schulteams hatten die Möglichkeit, zu jeder Zeit telefonisch um Hilfestellung beim inhaltlichen und strukturierten Aufbau der Verfahrensanweisungen nachzufragen.

Bis zur Beendigung der Übungsphase im Umgang mit Aufbau und Dokumentation von Prozessen wurden anfänglich zweimal jährlich Evaluationstermine mit den Pflegeschulen vereinbart. Diese Evaluationen brachten den Gewinn, dass ein externer Berater, der die Organisationsabläufe und -prozesse der Schule nicht im Detail kennt, zu den Verfahrensanweisungen Verständnisfragen stellt. Das führt zu einer erneuten Reflexion der beschriebenen Prozesse im Schulteam und gibt Gelegenheit, die Verfahrensanweisungen zu überdenken, um sie eventuell zu erweitern bzw. zu korrigieren.

Übergang von der theoretischen zur praktischen Verfahrensanweisung

Mit Abschluss der theoretischen Verfahrensanweisungen war die Übungsphase für die Schulteams nicht nur beendet, sondern es stellte sich eine Routine im Analysieren, Evaluieren, Entwickeln und Dokumentieren von Verfahrensanweisungen ein. Nun war es nicht mehr das Unbekannte, verbunden mit einem Maß an Unsicherheit, was Probleme brachte, sondern es blieb weiterhin die Belastung, Zeitressourcen zu finden. Bei der Erarbeitung der nun anstehenden praktischen Verfahrensanweisungen kam erschwerend hinzu, dass Terminabsprachen mit den Ausbildungsverantwortlichen in der Praxis schwerer zu organisieren waren. Zeitlücken zu nutzen war jetzt nicht mehr möglich. Termine mussten geplant, abgestimmt und eingehalten werden, wollte man in der Arbeit weiterkommen.

Überzeugungsarbeit für ein Qualitätsmanagement war zu diesem Zeitpunkt nicht mehr nötig. Die positiven Erfahrungen mit bereits beschriebenen Prozessen wirkten trotz des bestehenden Zeitdruckes motivations- und inovationsfördernd. Die Devise lautete jetzt, sich immer wieder an die Arbeit zu machen, um sämtliche Prozessbeschreibungen für den Verlauf der dreijährigen Pflegeausbildung abzuschließen. Notwendige Reflexionsschleifen erwiesen sich als weniger zeitintensiv und belastend. Durch die Verfahrensanweisungen, die bei Freigabe den Revisionsstand angeben, konnten die Schulen bereits erkennen, dass nach Abschluss aller Prozessbeschreibungen die Evaluationsphasen weniger zeitaufwendig und die weitere Organisation durch vorgegebene Zeitvorgaben erleichtert wird. Die zweite Zeitleiste war für die praktischen Ausbildungsprozesse vorgesehen und konnte nach dem gleichen Arbeitsstil weitergeführt werden.

In der folgenden Übersicht sind die zu bearbeitenden Prozesse der praktischen Ausbildung aufgeführt.

1. **Vorgaben des KrPflG/AprV für die praktische Ausbildung**

   Prozessbeschreibungen durch eine Verfahrensanweisung und Ideen-/Merkspeicher

   - Jahresplan aller 3 Kurse
     - Berücksichtigung der Stundenzahl
     - Einplanung der Einsatzgebiete mit Sollvorgaben
     - Urlaub
     - Feiertage
     - Prüfungstage
     - Stationseinsatz
     - evtl. Wahleinsatz im letzten Stationseinsatz
   - Jahresübersicht der einzelnen Ausbildungskurse
     - Organisation (Kursleitung?)
     - Fremdeinsätze (welcher Schüler geht wann wohin?)
       ‣ Wohnheimplatz notwendig?
       ‣ An- und Abreise womit?
     - Nachtwacheneinsatz ab 2. Ausbildungsjahr
   - Dokumentation der Einsatzzeiten
     - Stundennachweise
     - EDV
     - Nachweise für Nachtwachenzuschläge an die Personalabteilung
   - Schriftliche Informationen in Bezug auf Planung an
     - Einsatzorte
     - PDL
   - Beachtung von Jugendarbeitsschutzgesetz
   - Beachtung des Mutterschutzgesetzes
   - Beachtung der Arbeitsvertragsrichtlinien

2. **Informationen über theoretischen Unterrichtsblock und praktischen Einsatz**

   - Wie (mit welchen schriftlichen Unterlagen) und wer vom Schulteam informiert über die theoretischen Inhalte des Unterrichtsblockes vor Praxisbeginn
     - den Pflegedirektor?
     - den Praxisanleiter?
     - die Mentoren?
     - die Stationsleitungen?
   - Welche Anforderungen müssen im praktischen Einsatz erfüllt werden
     - von der Schülern?
     - vom Praxisanleiter? (evtl. Projektplanung – Umsetzung des praktischen Curriculums im Block)
     - den Mentoren
     - dem gesamten Stationsteam?

3. **Schülerbeurteilungen**

   - Wie, wann und durch wen werden Bewertungen der Schüler gefordert?
     - Während oder am Ende des Einsatzes?
     - Gespräch oder Beurteilungsbogen?
     - Wer vereinbart das Bewertungsgespräch?
     - Wer ist am Bewertungsgespräch oder Beurteilungbogen beteiligt?
   - Beurteilungsbögen für den praktischen Einsatz

- Sind welche vorhanden?
- Beurteilungsbogen mit Namen und Stationseinsatz kopieren
- An die Schüler austeilen (wann, wer?)
- Wer fordert die ausgefüllten Beurteilungsbögen an
  ‣ Schüler
  ‣ Schulteam
- Wie werden die Beurteilungen dokumentiert?
- Wie wird die PDL über die Beurteilungsergebnisse informiert?
• Falls vorhanden → Beurteilungsbogen/Feedback-Bogen der Schüler für die Mitarbeiter der Station

4. Anforderungen an die Schüler während des praktischen Einsatzes

• Praxisaufgaben
  - Pflegeprozess/Transfer Theorie–Praxissituationen
  - Wer ist verantwortlich für die Aufgabenstellung, Begleitung; Korrektur und Dokumentation?
• Projektplanung durch Mentoren/Praxisanleiter bezogen auf das praktische Curriculum
• Lernziele des praktischen Einsatzes
  - Lernzielkatalog?
  - Lernzielformulierung nach jedem theoretischen Unterrichtsblock?
  - Andere Möglichkeiten

5. Praxisanleitungen

• Wann, wie oft und durch wen werden die Schüler auf den einzelnen Stationen angeleitet?
• Wie werden die Schüler auf die Anleitung vorbereitet?
• Werden die Inhalte der praktischen Ausbildung mit dem Schulteam abgesprochen?
• Welches Konzept liegt den Anleitungen zugrunde?
  - Praktisches Curriculum nach AKOD?
  - Hausspezifische Inhalte?
• Wie sieht die Dokumentation aus?
• Welche Konsequenzen hat eine Anleitung für
  - die Schüler?
  - die PDL?
  - den Praxisanleiter?
  - die Mentoren?
  - das Stationsteam?

6. Praktische Prüfungen auf den Stationen

• Am Ende der Probezeit
  - Durch wen durchgeführt?
  - In welchem Zeitraum?
  - Dokumentation?
• Zwischenprüfungen
  - Wann?
  - Durch wen?
• Abschlussprüfung am Ende der Ausbildung (bereits beschrieben bei Examensvorbereitungen?)

7. **Nachweis über Praxisstunden und Fachdisziplin der praktischen Einsätze während der Ausbildung**
- Kontrolle der Praxisstunden in den gesetzlich vorgeschriebenen Disziplinen
  - Nach welchen Zeitintervallen?
  - Wer dokumentiert?
- Ausgleich von Fehlstunden durch Revision der praktischen Einsatzpläne
  - Wer nimmt sie vor?
  - Information an PDL und Stationsleitungen und Schüler
  - Dokumentation (Wer, wo und wie festgehalten?)

8. **Kommunikation und Information über Organisation der Ausbildung, Qualifikation der einzelnen Schüler, Veränderungen des Ausbildungsablaufes**
- Absprachen/Informationen/Veränderungen zur Verbesserung der praktischen Ausbildung mit
  - Direktorium
  - PDL
  - Praxisanleiter
  - Stationsleitungen/Mentoren
  - Stationsleitersitzungen
  - Abteilungsleitersitzungen

9. **Stationsbesuche durch Lehrer der Pflegeschule**
- Kontakte mit den Mitarbeitern der Stationen und Funktionsbereiche
  - Innerhalb des Krankenhauses
  - Bei Fremdeinsatzorten
  - Häufigkeit
  - Regelmäßigkeit
  - Wer geht wann vom Schulteam?
  - Dokumentation?

10. **Lob- und Beschwerdemanagement**
- Umgang mit Rückmeldungen
  - Lob
    - Wer lobt wann und wie?
    - Dokumentation?
    - Konsequenzen?
  - Beschwerden
    - Wie wird mit der Beschwerden umgegangen?
    - Regeln?
    - Wer ist vom Schulteam Ansprechpartner?
    - Dokumentation?
    - Konsequenzen?
- Personalentwicklung-Fördergespräche?
  - Werden Stärken der Schüler gefördert (Einsatzorte, Projektbeteiligung)?

11. **Mitarbeit der Lehrer zur Verbesserung der praktischen Ausbildung**
- Im Krankenhaus
  - Mentorenkreis
  - andere Arbeitsgruppen
- In Arbeitsgruppen außerhalb des Krankenhauses
  - IG oder AG innerhalb und außerhalb der Trägerschaft

12. **Dokumentation über die praktischen Einsatzstunden in den einzelnen Fachdisziplinen am Ende der dreijährigen Ausbildung**
- Kontrolle der Nachweise am Ende der dreijährigen praktischen Ausbildung
  - Gesetzlich vorgeschriebene Disziplinen und Stundennachweise
  - Fehlzeiten
  - Anzahl der Bewertungsnachweise

5 Arbeitsaufwand durch das Qualitätsmanagement in der Einführungsphase

In der Einführungsphase versuchte jede Pflegeschule, einen individuellen Arbeitsstil zu entwickeln, um den zusätzlichen Arbeitsaufwand für das Analysieren, Entwickeln und Dokumentieren der Prozessbeschreibungen während der regulären Arbeit im Schulalltag zu gewährleisten. Die Schulleitungen hatten die Möglichkeit, die eigenen und die Unterrichtsdeputate der Lehrer während der Etablierung des Qualitätsmanagementsystems abzusenken. Die Schulleitungen haben davon jedoch keinen Gebrauch gemacht. Die Gründe sind vielfältig:

Keine Verringerung der Unterrichtsdeputate

- Die Gewinnung von internen und externen Dozenten wird immer schwieriger.
- Der Organisationsaufwand steigt (Stundenplangestaltung, Dozentenabsprachen, Dozentenbegleitung etc.).
- Lehrausarbeitungen zu Unterrichtsinhalten waren vorhanden.

Zunächst bestand die Vorstellung, in monatlichen Teamsitzungen von vier Stunden eine Anzahl von Prozessen durchsprechen zu können, um sie dann anschließend in Schriftform zu bringen. Es zeigte sich sehr schnell, dass die Diskussion zwar sehr wertvoll war, denn sie führte dazu, dass man sich intensiv über das Pflegeverständnis und das Pflegehandeln im Schulteam austauschte. Allerdings kam es zu zeitlichen Engpässen. Mit dieser Methode war es nicht zu schaffen, im Zeitraum von eineinhalb Jahren die vorgegebenen theoretischen Verfahrensanweisungen zu bewältigen.

Erfahrungen mit verschiedenen Methoden und Arbeitsstilen

Die Alternative, die Prozessbeschreibungen durch die Schulleitung, die mit den Ausbildungsabläufen vertraut war und die Durchführungsschritte internalisiert hat, eigenständig zu dokumentieren, wirkte sich kontraproduktiv auf das Gesamtschulteam aus. Es fehlte der Austausch und die Notwendigkeit eines gemeinsamen Ausbildungsverständnisses. Das Schulteam fühlte sich ausgeschlossen und damit für das Qualitätsmanagement nicht verantwortlich. Die Prozessbeschreibungen waren somit nur Instrumente, den Ablauf einer Ausbildung festzulegen. Notwendige Evaluationen und Verbesserungen innerhalb der einzelnen Ausbildungsschritte blieben aus. Motivationseinbrüche nach anfänglichem „guten Willen" waren spürbar. Die Pflegeschulen stellten fest, dass trotz eines hohen Zeit- und Energieaufwands die Anzahl der Prozessbeschreibungen gering war und die Liste der noch zu bewältigenden Verfahrensanweisungen kaum weniger wurde. Gerade in der Anfangsphase, in der auch der Aufbau und Inhalt einer Verfahrensanweisung mit Unsicherheiten belegt war, verstärkte dies den Arbeitsdruck. Doch die gemachten Erfahrungen brachten den Gewinn, einen Arbeitsstil und -rhythmus zu finden, der weiterbringt und erfolgreich ist. Es wurden auch verschiedene Methoden kombiniert.

Fallbeispiel:

So sah es eine Pflegeschule als erforderlich an, zu Beginn des Kalenderjahres eine Tagesveranstaltung mit dem gesamten Schulteam zu organisieren, um die Strategie für das bevorstehende Jahr zu planen. Sämtliche Aktivitäten, die für das Jahr anstanden, wurden auf einer Metaplantafel festgehalten, anschließend inhaltlich und zeitlich priorisiert. Eine wesentliche Bedeutung nahmen die Verfahrensanweisungen ein, die bis zum Ende des Jahres abgeschlossen werden sollten. Die anstehenden Verfahrensanweisungen wurden aufgelistet und nach Fähigkeiten, Kenntnissen und Erfahrungen mit den einzelnen Prozessabläufen unter Lehrern der Pflegeschule aufgeteilt. Ferner wurde eine Terminleiste für notwendige Teamsitzungen zur Vorstellung, Diskussion und Evaluation der beschriebenen Prozesse festgelegt. So wurde jedem Teammitglied die Möglichkeit eingeräumt, den eigenen Freiraum zur Prozesserarbeitung zu schaffen und im Vorfeld die notwendigen Zeitpläne aufzustellen. Das beschriebene Modell hat sich auch im fortgeschrittenen Stadium der Etablierung des Qualitätsmanagementsystems für diese Schule bewährt.

6 Schlusswort

Nachweisbare, dokumentierte Qualität der Arbeit ist in den letzten Jahren immer wieder für den Bildungsbereich gefordert worden. Im Bereich der allgemeinbildenden Schulen und im Fort- und Weiterbildungssektor ist die Einführung von Qualitätsmanagement und die Sicherung durch ein Qualitätsmanagementsystem bereits seit Jahren ein Bestandteil des Bildungsprogrammes. Die fehlende Forderung des Gesetzgebers, dieses auch für die Ausbildung in allen Bereichen des Gesundheitswesens zu verlangen, darf kein Grund sein, die Einführung eines Qualitätsmanagementsystems auf die Warteschleife zu setzen.

Für die Pflegeschulen werden die Anforderungen steigen. Es ist heute schon zu erkennen, dass es zu einer verstärkten Konkurrenz um Bewerber für den Pflegeberuf kommt. Budgetkürzungen im Gesundheitswesen werden den Druck auf die Schulen weiter erhöhen. Die Unsicherheit mit Einführung der DRG's hinsichtlich der Finanzierung der theoretischen Ausbildung fördert im verstärkten Maße die Nachweispflicht über Art und Umfang der Tätigkeiten in der Pflegeschule. Das erwartete neue Krankenpflegegesetz wird inhaltliche und organisatorische Änderungen bringen, die es notwendig machen, klare Kriterien für die Qualität der Ausbildung vorzulegen, um in Zukunft wettbewerbsfähig zu sein.

Eine kontinuierliche Entwicklung in der Pflegeausbildung kann durch fachlich abgesicherte Prozessbeschreibungen in Verfahrensanweisungen reflektiert und verändert werden. Bereits angegangene Strategien und Methoden haben dann Multiplikatorenwirkung. Prozessanalysen, -dokumentationen und -evaluationen befähigen die Lehrer in den Schulen und die Ausbilder in der Praxis, in den bereits internalisierten Prozessschritten zu denken. Damit verbunden ist vor allem auch ein permanentes Reflektieren der beruflichen Handlungen. Die Bereitschaft der Ausbilder in Theorie und Praxis, das eigene Tun systematisch und kritisch zu hinterfragen, wird einen qualitätsorientieren Lehr- und Lernprozess auslösen und die eigene Persönlichkeitsentwicklung positiv beeinflussen. Das Einführen eines Qualitätsmanagementsystems lohnt sich! Eigeninitiative statt Anordnung schafft Motivation und Freude!

Abschließend ein Zitat von Peter F. Drucker: „Eines steht fest: Dies ist die Zeit, in der die Zukunft gestaltet wird – eben weil sich alles im Fluss befindet. Es ist die Zeit zum Handeln."

Anhang:
Ausgewählte Verfahrensanweisungen aus den Schulen der Marienhaus GmbH

Aus den folgenden Verfahrensanweisungen ist zu erkennen, dass der Aufbau, die Analyse und Dokumentation einer Prozessbeschreibung bei allgemeiner Vorgabe den individuellen Charakter einer Schule widerspiegelt. Denkweisen, Arbeitsstil und Vorgehensweise des Schulteams einer Schule kommen darin zum Ausdruck. Kein Qualitätsmanagementhandbuch wird gleich aufgebaut und strukturiert sein. Das Kopieren eines Qualitätsmanagementsystems von einer anderen Schule ist daher kaum möglich. Es sind vielmehr Anregungen, Hilfestellungen und Austauschmöglichkeiten, die der Erleichterung und Reflexion der eigenen Prozesse dienen können.

Um die Übersichtlichkeit zu erhöhen, wurde auf die Erwähnung des Revisionsstandes und der Verantwortlichen (vgl. Seite 60) verzichtet. In der Praxis gehört dies jeder Verfahrensanweisung vorangestellt.

Verfahrensanweisung:
Einsatzplanung

Staatlich anerkannte Krankenpflegeschule am Krankenhaus „Maria Hilf", Bad Neuenahr-Ahrweiler

Vorbemerkungen

Die Einsatzplanung orientiert sich an vielfältigen Vorgaben:

- Krankenpflegegesetz einschließlich Ausbildungs- und Prüfungsverordnung
- Jugendarbeitsschutzgesetz, Mutterschutzgesetz
- AVR
- Vorgaben der Pflegedienstleitungen[1]
- Vorgaben der Krankenpflegeschule.

Die Vorgaben werden unter dem Punkt Vorgehensweise konkret beschrieben.

Ziel

1. Die Einsatzplanung entspricht den Vorgaben der KrPflAPr und den Vorgaben der AVR Caritas.
2. Die Einsatzplanung entspricht den Vorgaben der Direktorien der Krankenhäuser, die an der Finanzierung der Ausbildung beteiligt sind.

Geltungsbereich

- Der Geltungsbereich „Verfahrensanweisung 2 Einsatzplanung" umfasst:
  - Schulleitung
  - Schulsekretärin
  - Hauptamtlich angestellte Pflegepädagogen und Schulassistenten.

Begriffe

Entfällt

---

[1] Krankenhaus Maria Hilf in Bad Neuenahr-Ahrweiler, Krankenhaus St. Josef Adenau, Krankenhaus St. Josef Burgbrohl.

Vorgehensweise

Welche Aufgaben?	Bis wann?	Wer verantwortlich?
• Erstellung der Einsatzplanung • Wird von der Schulleitung benannt oder von dieser selbst übernommen		Prinzipiell ein Kollege aus dem Schulream für alle Kurse[2] Schulleitung

• Einsatzplanung Unterkurs zu Ausbildungsbeginn
  – direkt im PC oder vorgeschrieben auf
    ▸ Dateipfad: Datei Neu: Einsatzplan
    ▸ Angeben: Kurs, Zeitraum, Stand
	Dritte Oktoberwoche	Benannter Lehrer[3]

• Einsatzplanung aller Kurse
  – für alle Kurse bis Spätsommer des Folgejahres
  – für den Mittelkurs jedoch ohne den letzten (Examens-)Einsatz
	Erste Märzwoche	

• Übersicht: Einsätze BBR und ADE – die Anzahl und Stundenzahlen der Auszubildenden für Adenau und Burgbrohl werden in einer vergrößerten Kopie einer Jahreskalenderübersicht eingetragen	Während der Planung	Benannter Lehrer
– die Eintragung wird kontrolliert	Zweite Märzwoche	Schulleitung
• Stundennachweis Praxis – Es wird eine Übersicht über die geplanten Einsätze (Stundenberechnung) für jeden einzelnen Auszubildenden angelegt	Während der Planung	Zuständige Lehrer
– Der Ausdruck dieser Übersicht wird im Ordner des jeweiligen Auszubildenden abgeheftet	Nach der Planung	Sekretärin
• Freigabe – Die Einsatzplanung wird von der Schulleitung kontrolliert und freigegeben[4]	Spätestens eine Woche nach Erstellung	Schulleitung

---

2 Der Verantwortliche für die Einsatzplanung hält in der ersten Märzwoche keinen Unterricht ab.
3 Siehe Aufgabenverteilungsliste: Schulteamordner (schwarz): Sekretariat.
4 Bei längerer Abwesenheit der Schulleitung ist die Vertretung zuständig. Hat die Vertretung selbst den Plan erstellt, wird der Plan durch einen Kollegen kontrolliert und anschließend freigegeben.

Welche Aufgaben?	Bis wann?	Wer verantwortlich?

• Information über die Einsatzplanung:
  – der Einsatzplan wird zusammen mit dem Jahresplan weitergeleitet
  – Papierkopie an
    ‣ Aushang Krankenpflegeschule
    ‣ Ordner Einsatzplanung
    ‣ Externe Bereiche
      schriftlich mit der Bitte um Bestätigung
      Empfang telefonisch bestätigen lassen
      Hospiz extra anschreiben *Formblatt 04*[5]
  – über Intranet:
    ‣ Alle Einsatzbereiche des Krankenhauses Maria Hilf, PDL, Bereichsleitungen, Team Krankenpflegeschule
    ‣ Aufrufen: Jahresplanung – entsprechenden Praxiseinsatz anklicken – Einsatzplan erscheint
	Sofort nach Erstellung und Kontrolle	Sekretärin
		
		Herr Thiel

• Fehlerkorrektur in der Einsatzplanung
  – erfolgt sofort bei Bekanntwerden eines Fehlers
  – wird im Intranet korrigiert
  – Ausdruck an:
    ‣ Aushang der Schule und Ordner Einsatzplanung
    ‣ Betroffene externe Praxiseinsatzstellen.
      Achtung: Bei Versand korrigierter Einsatz- oder Jahrespläne muss der korrigierte Plan immer fest an das Anschreiben geheftet und mit diesem im Korrespondenz-Ordner abgelegt werden.
    ‣ Dokumentation im nachfolgend erläuterten Historie-Dokument
  – Über die Historie aller Korrekturen nach Erstausgabe der Einsatzpläne eines Planungszeitraums wird eine fortlaufende Dokumentation geführt, die im Order „Einsatzplanung" zusammen mit der Erstausgabe und den Ausdrucken korrigierter Einsatzpläne archiviert wird
	Sofort	Lehrer, der die Einsatzplanung erstellt[6]

---

5   Erhalten keinen eigenen Jahres- oder Einsatzplan.
6   Bei Abwesenheit die Schulleitung oder ein anderer benannter Lehrer. Der Lehrer, der sonst zuständig ist, erhält eine schriftliche Mitteilung über die Änderung mit kurzer Begründung.

| Welche Aufgaben? | Bis wann? | Wer verantwortlich? |

- **Achtung:** Bei nachträglichen Änderungen der Praxiseinsatzdauer, z. B. durch Einfügen eines Studientages, müssen nicht nur für den Gesamtzeitraum, sondern auch bei den Split-Einsätzen die Soll-Stunden des Einsatzes angepasst werden

Dokumentation

Bezeichnung	Zuständig für Erstellung	Zuständig für Archivierung	Ablage	Dauer	Zugriffsberechtigung
Jahresplan (Erstausgabe)	benannter Lehrer oder Schulleitung	Sekretärin	Ordner Einsatzplanung	10 Jahre	Team Schule
Jahresplan (Korrekturen)	benannter Lehrer oder Schulleitung	Sekretärin	Ordner Einsatzplanung	10 Jahre	Team Schule
Einsatzpläne (Erstausgabe)	benannter Lehrer oder Schulleitung	Sekretärin	Ordner Einsatzplanung	10 Jahre	Team Schule
Einsatzpläne (Korrekturen)	benannter Lehrer oder Schulleitung	Sekretärin	Ordner Einsatzplanung	10 Jahre	Team Schule
Praxisstundennachweis je AZUBI	Sekretärin	Sekretärin	Ordner AZUBI	10 Jahre	Team Schule
Historie der Korrekturen	jeweiliger Korrektor	Sekretärin	Ordner Einsatzplanung	10 Jahre	Team Schule
Anschreiben Praxiseinsatzstellen (bei Korrekturen mit angehefteten Ausdrucken der Korrektur, so wie versandt!)	Sekretärin	Sekretärin	Korrespondenz-Ordner	10 Jahre	Team Schule

Unterlagen und Anlagen

Formblätter

Formblatt 1:   Jahresplanung
Formblatt 2:   Einsatzplanung
Formblatt 3:   Übersicht über Besetzung externer Einsatzbereiche Burgbrohl und Adenau
Formblatt 4:   Praxisnachweise pro Auszubildenden
Formblatt 5:   Historie der Änderungen
Formblatt 6:   Anschreiben Externe Einsatzbereiche außer Hospiz
Formblatt 7:   Anschreiben Hospiz
Formblatt 8:   Verteilerliste externe Einsatzbereiche

Anlagen

- Grundlagen der Einsatzplanung
- Übersicht Praxiseinsatzbereiche intern und extern
- Einsätze nach Ausbildungsstand
- Protokoll der Besprechung der Pflegedienstleitungen der Häuser Adenau, Burgbrohl, Bad Neuenahr mit der Leitung der Krankenpflegeschule des Krankenhauses Maria Hilf

Krankenpflegegesetz

Das Krankenpflegegesetz (KrPflAPrV; 6. Abschnitt Teil B) enthält Mindestvorgaben über die zu absolvierenden Stunden in den unterschiedlichen Einsatzbereichen:

Praktische Ausbildung

Bereich I	Allgemeine Medizin und medizinische Fachgebiete einschließlich Pflege alter Menschen und Alterskrankheiten	900 Stunden
Bereich II	Allgemeine Chirurgie und chirurgische Fachgebiete[7]	750 Stunden
Bereich III	Gynäkologie oder Urologie und Wochen- und Neugeborenenpflege	350 Stunden

---

7   Hierzu zählen auch: Intensivstation, OP/Anästhesie, chirurgische Ambulanz (Anm. C. Bürger).

Bereich IV	Psychiatrie, Kinderkrankenpflege und Kinderheilkunde sowie in Gemeindekrankenpflege (Hauskrankenpflege) oder entsprechenden Einrichtungen des Gesundheitswesens[8]	400 Stunden
	Bei der Verteilung der Gesamtstundenzahl von 400 sind die einzelnen Bereiche entsprechend ihrer Bedeutung und der organisatorischen Möglichkeiten der Krankenpflegeschule zu berücksichtigen	
	Zur Verteilung auf 1 bis 4	600 Stunden
	Stunden gesamt:	3000 Stunden

Einsätze in den Funktionsbereichen sollten nicht vor dem zweitem Ausbildungsjahr erfolgen.

§ 1 Abs. 4 KrPflAPrV regelt den Nachtdienst in der Krankenpflegeausbildung[9]: „Innerhalb des zweiten und dritten Jahres der Ausbildung nach Absatz 1 sind unter Aufsicht von Inhabern einer Erlaubnis nach § 1 Abs. 1 Nr. 1 oder 2 des Gesetzes mindestens 120, höchstens 160 Stunden im Rahmen des Nachtdienstes abzuleisten."

Jugendarbeitsschutzgesetz

Die Regelungen des Jugendarbeitsschutzgesetzes werden beachtet.[10]

Mutterschutzgesetz

Die Vorschriften des Mutterschutzgesetzes werden beachtet.[11]

AVR

Die Vorgaben der AVR werden beachtet.[12]

Vorgaben Pflegedienstleitungen

Die Höchstanzahl der Auszubildenden in den verschiedenen Fachbereichen wird von der Pflegedienstleitung in Absprache[13] mit der Schulleitung festegelegt (siehe Anlage 03).

---

8 Für unsere Trägerschaft anerkannt wird für die Gemeindekrankenpflege das Hospiz. Siehe hier auch Anlage 03 (Übersicht über Einsatzbereiche).
9 Siehe hier auch Anlage 03.
10 Aktuelles Jugendarbeitsschutzgesetz, abgeheftet in Ordner (weiß): Krankenpflegeausbildung: Recht in der Krankenpflegeausbildung.
11 Aktuelles Mutterschutzgesetz, abgeheftet in Ordner (weiß): Mutterschutzgesetz Recht in der Krankenpflegeausbildung.
12 Aktuelle AVR stehen bei Ordner rechts in der Krankenpflegeausbildung im Sekretariat.
13 Siehe Anlage 04 (Protokoll der Sitzung mit Schulleitung, Pflegedienstleitungen zu diesem Thema).

Gesamtzahl der Auszubildenden in Adenau und Burgbrohl

Krankenhaus St. Josef in Adenau

Das Krankenhaus St. Josef in Adenau finanziert, in Abhängigkeit von den tatsächlich geleisteten Einsätzen, bis zu sechs Auszubildende im Jahr. Zieht man die Ausbildungszeiten ab, in denen die Auszubildenden andere Pflichteinsätze[14], Urlaub oder theoretischen Unterricht haben, ergibt sich daraus eine durchschnittliche Zahl von drei Auszubildenden im Einsatz im Krankenhaus St. Josef/Adenau.

Krankenhaus St. Josef Burgbrohl-Brohltalklinik

Die Brohltalklinik St. Josef finanziert, in Abhängigkeit von den tatsächlich geleisteten Einsätzen, bis zu vier Auszubildende im Jahr. Zieht man die Ausbildungszeiten ab, in denen die Auszubildenden andere Pflichteinsätze[15], Urlaub oder theoretischen Unterricht haben, ergibt sich daraus eine durchschnittliche Zahl von drei Auszubildenden im Einsatz in der Brohltalklinik St. Josef.

Zahl der Auszubildenden pro Einsatzbereich:

	Auszubildende pro Station	Funktionsbereiche	Gesamt im Haus	Sonstiges
Bad Neuenahr	nicht mehr als vier	eine		Kinderstation: eine
Adenau	eine	eine	im Jahresmittel drei Auszubildende	
Burgbrohl	eine	eine	im Jahresmittel zwei Auszubildende[16]	
Psychiatrie	eine		bis zu zwei Auszubildende parallel	
Sozialstation	eine		möglichst eine Auszubildende, in Ausnahmesituationen zwei[17]	
Hospiz	eine		möglichst zwei[18]	

---

14 Sozialstation, Hospiz, Psychiatrie.
15 Sozialstation, Hospiz, Psychiatrie.
16 Bei geringer Zahl von Auszubildenden: mindestens ein Auszubildender im Einsatz.
17 Vorherige Absprache notwendig mit der Leitung (Frau Müller).
18 Gleichgeschlechtlich, da sich die beiden Auszubildenden in der Wohnung ein Zimmer teilen müssen.

Vorgaben Krankenpflegeschule

Orientierung am Jahresplan

- Die Einsatzplanung orientiert sich am Jahresplan.[19]

Verbindlichkeit

- Die Einsatzplanung hat für den Auszubildenden und die Einsatzorte Verbindlichkeitscharakter.[20]

Versetzung auf eine andere Station

In begründeten Fällen kann der Auszubildende eine Versetzung auf eine andere Station erbitten. Die Entscheidung über die Versetzung trifft die Schulleitung in Absprache mit dem Kursleiter, dem Lehrer, dem die Einsatzplanung obliegt und der Pflegedienstleitung.

Wünsche der Auszubildenden

- Für die Einsatzplanung werden Wünsche der Auszubildenden erfragt:
    - bezüglich der Einsätze in Adenau und Burgbrohl (nicht ob, sondern ggfs. wann die Einsätze erfolgen sollen).[21]
    - Vor Planung der Mittelkurseinsätze wird der (zu dem Zeitpunkt noch laufende Unterkurs) nach dem Wunscheinsatz gefragt für die Bereiche:
        - OP/Anästhesie, Intensivmedizin, Endoskopie und Ambulanz
        - Einsatz nach Eignung ab Mittelkurs möglich
    - Wünsche des Oberkurses bezüglich des Examenseinsatzes. Dabei wird beachtet, dass:
        - ein bis zwei Examensprüfungen im Krankenhaus in Adenau abgenommen werden können,
        - die Auszubildenden drei mögliche Stationen benennen und diese nach Prioritäten gewichten und
        - die Auszubildenden darauf aufmerksam gemacht werden, dass die Krankenpflegeschule sich bemüht, den Wünschen nachzukommen, Abweichungen aber akzeptiert werden müssen.[22]

Einsatzdauer

Prinzipielle Regelung

- Die Krankenpflegeschule strebt prinzipiell eine Einsatzdauer von mindestens sechs Wochen an einem Einsatzort an.

---

[19] Siehe Verfahrensanweisung Jahresplan

[20] Eventuell notwendige Versetzungen werden mit der Schulleitung, Pflegedienstleitung abgesprochen. Die endgültige Entscheidung trifft die Schulleitung.

[21] Die Auszubildenden werden darauf hingewiesen, dass die Krankenpflegeschule sich bemüht, die Wünsche zu berücksichtigen, in begründeten Fällen aber davon abweicht. Den Auszubildenden wird die Entscheidung begründet. Auszubildende, die gerne länger in Adenau bleiben wollen, werden berücksichtigt.

[22] Sollten bei der Berücksichtigung der Wünsche zu viele Abweichungen seitens der Krankenpflegeschule auftreten, behält die Krankenpflegeschule es sich vor, dass sie eine komplett andere Einteilung vornimmt. Dies wird den Auszubildenden begründet dargestellt.

- Der Zeitraum eines Einsatzes kann prinzipiell durch einen Theorieblock oder Urlaub unterbrochen werden.
- Anzustreben ist allerdings ein Einsatz ohne Unterbrechung.
- Einsatzwechsel zum 24.12. oder in der Zeit zwischen 24.12. und 6.1. sind generell ungünstig für die Praxiseinsatzbereiche und daher zu vermeiden.

Längere Einsatzzeiten

- Prinzipiell sind längere Einsatzzeiträume möglich, sofern dies pädagogisch begründet erscheint.
- Der Unterkurs bleibt im Rahmen der Probezeit mindestens zehn Wochen auf einer Station (ggfs. sogar die gesamte Probezeit).

Kürzere Einsatzzeiten

- Fünf Wochen:
  - Psychiatrie und Sozialstation
- Ein bis zwei Wochen:
  - Kinderstation

Besondere Einsätze

- Alle externen Einsätze nach Möglichkeit mit jeweils zwei Auszubildenden je Einrichtung besetzen.
- Hospizeinsatz:
  - Sollte einen Zeitraum von sechs Wochen umfassen. In Ausnahmesituationen kann ein Einsatz von fünf Wochen geplant werden.
  - Möglichst erst nach dem Sterbeseminar.
  - Im Anschreiben an das Hospiz Geburtsdatum und ggfs. Motivation angeben.
- Intensiv/OP/Ambulanz:
  - gleiche Regelung wie Hospiz.
- Endoskopie: Einsatz von maximal zehn Auszubildenden je Kalenderjahr, die Einsatzdauer soll drei Wochen betragen.

Einsätze nach Ausbildungsstand

- Zuordnung zu den Einsatzbereichen siehe Anlage 03 Übersicht Einsatzbereiche nach Ausbildungsstand

Nachtwachen[23]

- Der Nachtwacheneinsatz von mindestens 120 Stunden erfolgt ab dem zweiten Ausbildungsjahr.
- Er sollte spätestens[24] bis zum vorletzten Einsatz vor den Examensprüfungen absolviert sein.
- Der Nachtwacheneinsatz kann in Adenau und dem Krankenhaus Maria Hilf absolviert werden.[25]

---

[23] Vorgaben aus dem Krankenpflegegesetz, Pflegedienstleitungen und Krankenpflegeschule.
[24] Möglichst etwas früher.
[25] Entsprechende Stationen sind der Anlage 03 zu entnehmen.

- Im Krankenhaus Adenau sollten maximal vier Auszubildende im Jahr ihren Nachtwacheneinsatz absolvieren.
- Die 120 Stunden Nachtwachen werden einer Station zugeordnet. Angestrebt werden für diesen Einsatz mindestens 38,5 Stunden im Tagdienst.
- Den Stationen wird empfohlen, die Tagdienststunden vor dem Nachtwacheneinsatz einzuplanen.
- Ansonsten legt die Stationsleitung die Einteilung in den Nachtdienst fest.[26]
- Es werden nicht mehr als drei Auszubildende parallel im Nachtdiensteinsatz eingeplant.[27]

Reihenfolge der Einsätze

- Die Fachrichtungen Innere Medizin, Chirurgie, Gynäkologie erfolgen im regelmäßigen Wechsel.
- Nach dem Hospizeinsatz erweist sich ein Einsatz auf der Chirurgie, Inneren Medizin, Gynäkologie, Intensiv[28] als nützlich.
- Sofern organisatorisch regelbar sollten Auszubildende nach einem externen Einsatz den folgenden Einsatz im Krankenhaus Maria Hilf haben.
- Mehrfacheinsätze im Krankenhaus St. Josef in Adenau sollten nur auf Wunsch des Auszubildenden erfolgen. Weiteres Einsatzkriterium ist die Notwendigkeit, die Plätze in Adenau zu besetzen.
- Organisatorisch sinnvoll ist die Kopplung des Kurzeinsatzes Kinderstation mit der Station 3b/Orthopädie und Gynäkologie.[29]
- Vorsicht ist beim Einsatz Urologie geboten, da dieser bei längeren Einsätzen einen großen Teil des Bereiches IV (Gynäkologie, Urologie, Wochen- und Neugeborenenpflege)[30] abdeckt. Ein langer Einsatz von mindestens sieben Wochen sollte vorbehalten werden:
    - männlichen Auszubildenden (am besten im Rahmen der Probezeit hier einsetzen),
    - Einsatz in der Probezeit[31],
    - ggfs. gekoppelt mit Nachtwacheneinsatz.

Sonstige Regelungen

- In der Anlage 03 finden sich weitere Regelungen zu den Einsätzen:
    - Sozialstation
    - Hospiz
    - Psychiatrie.

---

26 Unter Berücksichtigung des Arbeitsschutzgesetzes.
27 Davon maximal zwei im Krankenhaus in Bad Neuenahr und maximal einer in Adenau.
28 Laut Feed-back von Auszubildenden kann dadurch der Lerngewinn, den der Einsatz im Hospiz zur Folge hatte, am besten transferiert werden.
29 Die beiden Stationen liegen zusammen, sind nur organisatorisch getrennt. Erfolgt zuerst ein Einsatz auf der Orthopädie, lernt der Auszubildende schon die Mitarbeiter der Kinderstation kennen sowie deren Räumlichkeiten. Hat der Auszubildende zunächst seinen Einsatz auf der Kinderstation und im Anschluss auf der Orthopädie, kann er besondere Ereignisse auf der Kinderstation mit verfolgen und einen Lerngewinn daraus ziehen.
30 Hier werden nur 350 Stunden praktischer Einsatz verlangt.
31 Da hier kein Stationswechsel erfolgen soll.

Verfahrensanweisung: **Lernstandskontrollen**

Staatlich anerkannte Krankenpflegeschule am Krankenhaus „Maria Hilf", Bad Neuenahr-Ahrweiler

Vorbemerkungen

Ausbildungsbegleitende Lernstandskontrollen werden in dieser Verfahrensanweisung nur insoweit geregelt, als sie die im Rahmen der theoretischen Ausbildung verpflichtend zu erbringenden Leistungsnachweise betreffen. Die Beurteilung von Praxisbegleitungen gehört nicht dazu. Sie ist in der Verfahrensanweisung „Praxisanleitungen" geregelt.

Ziel

Diese Verfahrensanweisung regelt die Ziele, Häufigkeit, Durchführung und Bewertung von ausbildungsbegleitenden Lernstandskontrollen.

Ausgangspunkt ist der Befund, dass Leistungsmessung in Bildungsprozessen übereinstimmend für notwendig gehalten wird, jedoch wenig Einigkeit über ihren genauen Zweck, die Art und Häufigkeit der Durchführung und die Bewertung besteht.

Ausbildungsbegleitende Lernstandskontrollen in der Krankenpflegeausbildung dienen dem Ziel,

- die Erreichung fachlicher Lernziele zu dokumentieren und dadurch der Schule eine fortlaufende Einschätzung der Lernentwicklung der Auszubildenden zu ermöglichen,
- dem Auszubildenden ein Feed-back darüber zu geben, wie seine Leistung durch die Schule eingeschätzt wird,
- eine Gefährdung des Ausbildungserfolgs frühestmöglich zu erkennen,
- sowohl dem Auszubildenden als auch der Schule zielgerichtete Interventionen bei unerwünschten Entwicklungen (z. B. individuelle Beratung im Rahmen von Fördergesprächen) zu ermöglichen,
- eine gesicherte, nachvollziehbare Grundlage für personelle Entscheidungen zu schaffen, z. B. für
  - die Entscheidung über die Fortsetzung des Ausbildungsverhältnisses nach der Probezeit,
  - die zur Zulassung zum Staatlichen Examen nach §§ 1 Abs. 5, 4 Abs. 2 Nr. 2 KrPflG auszustellende Bescheinigung oder
  - die Übernahme in ein Arbeitsverhältnis nach Abschluss der Ausbildung und
- eine gesicherte Grundlage für die Erstellung von Zeugnissen.

Geltungsbereich

- Schulteam (Schulleitung, haupt- und nebenamtlich beschäftigte Lehrkräfte, Schulsekretärin),
- Nebenamtlich beschäftigte Dozenten.

Begriffe

Im Rahmen dieser Verfahrensanweisungen gelten folgende Begriffsdefinitionen:

- Lernstandskontrollen sind alle während der oder für die theoretische Ausbildung verpflichtend zu erbringenden Leistungsnachweise.
- Klausuren sind schriftliche Aufsichtsarbeiten, die von allen Auszubildenden eines Kurses anzufertigen sind.
  - Blockabschlussklausuren erstrecken sich über mehrere oder alle im Laufe des betreffenden Theorieblocks unterrichteten Fächer. Ausgenommen sind die Inhalte der jeweils letzten Blockwoche. Der Umfang beträgt für eine Bearbeitungszeit von 45 bis 90 Minuten (in der Regel 60 Minuten) 20 bis 30 (in der Regel etwa 20) Aufgaben.
  - Klausuren zu Blockbeginn erstrecken sich ebenfalls auf mehrere Fächer, sind aber in der Regel nicht auf die Inhalte eines Theorieblocks beschränkt.
  - Einzelfachklausuren sind auf ein einzelnes Unterrichtsfach im Sinne des AKOD-Curriculums begrenzt.
- Tests sind schriftliche Aufsichtsarbeiten, deren Dauer 20 Minuten nicht überschreitet.
- Mündliche Prüfungen sind Lernstandskontrollen, in denen der Auszubildende in mündlicher Form den Nachweis über Kenntnisse und Fähigkeiten erbringt. Die mündliche Prüfung erfolgt derzeit als Einzelprüfung, auch wenn mehrere Kandidaten gleichzeitig anwesend sind.
- Probezeitexamen ist die Kombination aus zwei Klausuren und einer mündlichen Prüfung zum Ende der Probezeit in den folgenden Fächern:
  - Klausur Anatomie und Physiologie, Recht
  - Klausur Krankenpflege und Krankheitslehre
  - Mündliche Prüfung in den Fächern
    - Krankheitslehre,
    - Krankenpflege,
    - Psychologie oder Hygiene.
- Zwischenprüfung ist die Kombination aus zwei Klausuren und einer mündlichen Prüfung zur Ausbildungsmitte. Die Fächer entsprechen, soweit dies nach dem Ausbildungsstand möglich ist, denen im schriftlichen und mündlichen Teil der Staatlichen Prüfung, werden im Gegensatz zu dieser aber teilweise alternativ statt kumulativ geprüft:
  - Klausur Krankenpflege und Krankheitslehre,
  - Klausur Anatomie und Physiologie, Recht und Berufskunde,
  - Mündliche Prüfung in den Fächern
    - Krankheitslehre,
    - Krankenpflege,

- Psychologie oder Hygiene (zum Bereich der Hygiene gehört hier auch das Fach Ernährungslehre).

Vorgehensweise

Die Darstellung der Vorgehensweise orientiert sich in ihrer Gliederung an den verschiedenen Typen von Lernstandskontrollen.

Klausuren

Welche Aufgaben?	Bis wann?	Wer verantwortlich?
• Terminierung der Klausur und (sofern nicht Einzelfachklausur oder Test) Festlegung der zu prüfenden Fächer	Im Rahmen der Stundenplanung, spätestens zu Blockbeginn	Schulleitung in Absprache mit Kursleitung
• Zusammenstellung der Aufgaben – Die Anteile der geprüften Fächer sollen dem Gewicht dieser Fächer im betreffenden Block und der Bedeutung im Kontext der gesamten Ausbildung angemessen sein – Es muss sichergestellt sein, dass bis zum Ende der Ausbildung alle in den LAG-Prüfungsfragen vorkommenden Themen auch Gegenstand von schriftlichen Lernstandskontrollen waren. Dazu ist in dem Ordner „LAG-Prüfungsfragen" jede Aufgabe, deren Thema in einer Klausur verwendet wurde, zu markieren – Zu jeder Aufgabe ist die Maximalpunktzahl hinter der Fragestellung anzugeben – Zur Vorgehensweise bei der Erfassung der Klausuren siehe die Erläuterung in der Anlage	In der Regel bis eine Woche vor dem Klausurtermin	Jeweilige Fachlehrer in Absprache mit Schul- und Kursleitung
• Küchenbestellung für den Prüfungstag – Belegte Brötchen o.Ä. – Kalte und warme Getränke	Eine Woche vor dem Prüfungstermin	Sekretärin
• Endkontrolle, Ausdruck und Kopie – Endkontrolle am Bildschirm (Schreibweise, Verständlichkeit, Seitenumbruch und Absatzfolge, ausgeblendete Antwortvorgaben, eingeblendete Zeilen für Beantwortung) – Druck – Korrekturlesen (Kriterien wie oben), ggfs. Korrektur und erneuter Ausdruck – Druck einer Korrekturvorlage mit erwarteten Antworten	Spätestens zwei Tage vor dem Klausurtermin	Kursleiter

Welche Aufgaben?	Bis wann?	Wer verantwortlich?
• Kontrolle der Kopiervorlage auf Vollständigkeit und richtige Seitenfolge • Kopie der benötigten Klausurzahl, Heften • Kontrolle der Kopien auf Vollständigkeit und richtige Seitenfolge • Ablage der Kopier- und Korrekturvorlagen sowie der Kopien im Kursschrank bis zur Verwendung	Tag vor Klausurtermin	Sekretärin

• Vorbereitung des Prüfungsraums bei Probezeit- und Zwischenprüfungen
  – Vereinzelung der Tische so, dass jeder Kandidat einen eigenen Tisch erhält
  – Vorbereitung kalter Getränke und kleiner Snacks für die Arbeitstische
	Am Vortag der Prüfung	Kursleiter

– Pausenimbiss aus der Küche holen, im Aufenthaltsraum aufstellen	Am Tag der Prüfung, 8.00 Uhr	Sekretärin

• Durchführung der Lernstandskontrolle
  – Bearbeitungszeit einhalten
  – Während der Bearbeitungszeit darf der Raum nur von jeweils einem Kandidaten verlassen werden
	Klausurtermin	Kursleiter oder anderer Lehrer

• Korrektur der Klausur
  – Farblich deutlich abgehoben
  – Bewertung jeder Aufgabe nach dem Schema erreichter Punktwert/maximaler Punktwert am rechten Seitenrand
	In der Regel innerhalb von 7 Tagen nach dem Klausurtermin	Jeder Fachlehrer für die von ihm gestellten Aufgaben

• Benotung – Erfassung der Maximalpunktwerte und für jeden Auszubildenden der erreichten Punktwerte	Unmittelbar im Anschluss an die Korrektur	Sekretärin

‣ Die jeweils neueste Version der Excel-Datei verwenden (letzte Zahl im Dateinamen, im Beispiel „13")
  ‣ Zur Ermittlung der Durchschnittsnote ist nach manueller Auszählung die Anzahl der Klausuren, die auf eine Note entfallen, in die gelbe Tabelle einzugeben
  ‣ Die Notenübersicht wird gedruckt und im Kursorder abgeheftet
  ‣ Nach Eingabe aller Punktwerte kann das Ergebnis aus der Spalte „Note" übernommen und in die Klausuren übertragen werden
		Kursleiter oder Vertreter

Welche Aufgaben?	Bis wann?	Wer verantwortlich?
▸ In begründeten Grenzfällen kann die Endnote in der Spalte „Note" abweichend von dem durch die Software ermittelten Ergebnis in der Spalte „Auto-Note" manuell überschrieben werden ▸ Erfassung der Endnoten in den Gesamtübersichten der einzelnen Auszubildenden, Ablage im Azubi-Ordner		
• Information über die Ergebnisse und Rückgabe der Klausur – Ausgabe der benoteten Klausur an den Auszubildenden persönlich – Bei telefonischer Anfrage: Mitteilung der Note an den Auszubildenden persönlich	Nach Abschluss der Benotung	Schulteam

Mündliche Prüfungen

Welche Aufgaben?	Bis wann?	Wer verantwortlich?
• Terminierung der mündlichen Probezeit- bzw. Zwischenprüfung – Innerhalb eines Theorieblocks oder an einem Studientag während des Praxiseinsatzes – Probezeitexamen: Gleicher Termin wie Klausuren des Probezeitexamens – Zwischenprüfung: Möglichst gleicher Termin wie Klausuren der Zwischenprüfung	Im Rahmen der jeweiligen Jahresplanung	Thiel in Absprache mit Schulleitung
• Information des Kurses über Termin, Fächer und Durchführung	Bis drei Monate vor dem Prüfungstermin	Kursleiter bzw. Vertreter
• Bestimmung der Fachprüfer und Protokollanten für jedes Prüfungsfach	Bis eine Woche vor dem Prüfungstermin	Schulleitung
• Terminierung der Einzelprüfungen am Prüfungstag, Zeitplan für den Prüfungstag erstellen	Bis eine Woche vor dem Prüfungstermin	Schulleitung

• Zusammenstellung der Aufgaben in den Fächern
– Probezeitexamen
  ▸ Krankheitslehre
  ▸ Krankenpflege
  ▸ Psychologie oder Hygiene
	Bis eine Woche vor dem Prüfungstermin	Jeweilige Fachprüfer

Welche Aufgaben?	Bis wann?	Wer verantwortlich?
– Zwischenprüfung 　▸ Krankheitslehre 　▸ Krankenpflege 　▸ Psychologie oder Hygiene einschließlich Ernährungslehre – Eingabe des Themas, der Fragen und der erwarteten Antworten in die Vorlage zur Einzeldokumentation der mündlichen Prüfung		
• Druck aller Einzeldokumentationen in jeweils zweifacher Ausfertigung pro Kandidat 　– Stehen weniger Prüfungsthemen als Kandidaten zur Verfügung, werden die Themen mehrfach vergeben	Bis eine Woche vor dem Prüfungstermin	Jeweilige Fachprüfer
• Sortierung aller Einzeldokumentationen 　– Zweifache Ausfertigung jedes Themas in Sichthülle 　– Diese nach Prüfungsfächern geordnet in Ablagen einsortieren 　– Die Fächer „Krankenpflege" und „Krankheitslehre" werden integrativ geprüft. Die Reihenfolge der Sortierung in der Ablage des Fachs „Krankenpflege" muss daher der Reihenfolge in der Ablage des Fachs „Krankheitslehre" entsprechen 　– Die Gesamtzahl der wie oben beschrieben bestückten Sichthüllen pro Fach muss der Gesamtzahl der Kandidaten entsprechen 　– Zusätzlich muss für jedes Thema ein weiterer Satz (= doppelte Ausfertigung des Prüfungsthemas in Sichthülle) in Reserve vorliegen	Bis zwei Tage vor dem Prüfungstermin	Sekretärin
• Küchenbestellung für den Prüfungstag 　– Belegte Brötchen o.Ä. 　– Kalte und warme Getränke	Bis eine Woche vor dem Prüfungstermin	Sekretärin
• Pausenimbiss aus der Küche holen • Im Aufenthaltsraum aufstellen	Prüfungstag, 8.00 Uhr	Sekretärin
• Durchführung der Prüfung 　– Nach Zeitplan als Einzelprüfung, zusammengefasst werden dabei drei bis vier Kandidaten in einer Gruppe 　– Prüfung jedes Fachs durch Fachprüfer, Dokumentation der Prüfung durch Protokollant	Prüfungstag	Schulleitung, beteiligte Fachprüfer

Welche Aufgaben?	Bis wann?	Wer verantwortlich?
– Nach jeder Gruppe erfolgt eine kleine Notenkonferenz der Fachprüfer auf der Grundlage der Einzeldokumentationen mit ▸ Festlegung der Endnote für jedes Prüfungsfach ▸ Übertragung der Endnoten in die „Gesamtübersicht mündliche Prüfung"		
• Ermittlung der Gesamtnote für die mündliche Prüfung – Wenn dafür eine Excel-Tabelle zur Verfügung steht: ▸ Übertragung der Endnoten aus der „Gesamtübersicht mündliche Prüfung" in die Tabelle „Gesamtübersicht Theorie" der einschlägigen Excel-Datei ▸ Gewichtungsfaktoren eingeben ▸ Dabei wird die Gesamtnote für die mündliche Prüfung unter Berücksichtigung variabler Gewichtungen der Einzelnoten automatisch ermittelt – Wenn keine Excel-Tabelle zur Verfügung steht: ▸ Manuelle Ermittlung der Gesamtnote für die mündliche Prüfung und Dokumentation in der „Gesamtübersicht mündliche Prüfung"	Am Prüfungstag	Schulleitung mit Unterstützung des EDV-assoziierten Lehrers
• Nachbereitung der Prüfung – Ausdruck der aktuellen Tabelle „Gesamtübersicht Theorie" der einschlägigen Excel-Datei, Ablage im Kursordner – Ablage der „Gesamtübersicht mündliche Prüfung" im Kursordner ▸ Steht keine Excel-Tabelle zur Verfügung, muss die „Gesamtübersicht mündliche Prüfung" auch die manuell ermittelte Endnote enthalten – Ablage der Gesamtübersichten der einzelnen Auszubildenden im Azubi-Ordner	Tag nach der Prüfung	Sekretärin

Tests

Welche Aufgaben?	Bis wann?	Wer verantwortlich?
• Vorbereitung des Tests – Zusammenstellung der Aufgaben und Vorbereitung der Bearbeitungsunterlagen		Jeweiliger Fachlehrer

Welche Aufgaben?	Bis wann?	Wer verantwortlich?
– Terminierung des Tests ‣ Dokumentation im Stundenplan	Bis zum Abschluss der Stundenplanung	Jeweiliger Fachlehrer in Absprache mit Schulleitung
• Durchführung des Tests		Jeweiliger Fachlehrer
• Korrektur und Benotung – Benotung erfolgt nach dem durch die Schule vorgegebenen Schlüssel – Erfassung der Testgesamtnote in der „Notenübersicht nebenamtliche Dozenten"	Spätestens zwei Wochen nach dem Prüfungstermin	Jeweiliger Fachlehrer
• Erfassung der Testgesamtnoten – Übertragung der Endnoten aus der „Notenübersicht nebenamtliche Dozenten" in die Tabelle „Gesamtübersicht Theorie" der einschlägigen Excel-Datei ‣ Gewichtungsfaktor 1 eingeben – Ausdruck der aktualisierten „Gesamtübersicht Theorie", Ablage im Kursordner	Innerhalb von zwei Tagen nach Eingang der Korrekturergebnisse	Sekretärin

Dokumentation

Bezeichnung	Zuständig für Erstellung	Zuständig für Archivierung	Ablage	Dauer	Zugriffsberechtigung
Korrekturvorlage der Klausur	Kursleiter	Sekretärin	Kursordner	Bis zum Ende der Ausbildung	Schulteam
Tabelle mit den Einzel- und Gesamtpunktwerten sowie Klausurendnoten einer Klausur	Kursleiter	Sekretärin	Kursordner		Schulteam
Einzeldokumentationen der mündlichen Prüfungen	Protokollant	Sekretärin	Azubi-Ordner		Schulteam, Azubi
Gesamtübersicht „mündliche Prüfung"	Kursleiter	Sekretärin	Kursordner	Zehn Jahre	Schulteam
Tabelle „Gesamtübersicht Theorie"	Kursleiter Sekretärin	Sekretärin	Kursordner	Die jeweils aktuelle Fassung ersetzt die vorhergehende bis zu zehn Jahren	Schulteam
Gesamtübersichten der einzelnen Auszubildenden	Sekretärin	Sekretärin	Azubi-Ordner	Zehn Jahre	Schulteam
„Notenübersicht nebenamtliche Dozenten"	Dozent	Sekretärin	Kursordner	Zehn Jahre	Schulteam

Unterlagen und Anlagen

Für mündliche Prüfungen und Klausuren im Rahmen der Probezeit gilt ergänzend die Verfahrensanweisung „Entscheidung über die Fortsetzung des Ausbildungsverhältnisses nach der Probezeit".

Die genaue Vorgehensweise bei EDV-gestützten Arbeitsschritten ist in der Anlage „EDV" erläutert.

Ferner werden folgende Formblätter und Vorlagen benötigt:

Formblatt 1: Vorlage zur Erfassung von Klausuren
Formblatt 2: Tabelle zur Erfassung der Einzel- und Gesamtpunktwerte sowie Ermittlung der Endnote einer Klausur
Formblatt 3: Vorlage für die Einzeldokumentation der mündlichen Prüfung
Formblatt 4: Gesamtübersicht mündliche Prüfung
Formblatt 5: Gesamtübersicht Theorie

Formblatt 6:   Gesamtübersichten der einzelnen Auszubildenden
Formblatt 7:   Notenübersicht nebenamtliche Dozenten

Voraussetzungen

Die reibungslose Funktion der folgenden Anweisungen setzt die Installation der um spezielle Funktionen erweiterten Dokumentvorlage Normal.dot der Schule sowie die Verwendung der jeweils aktuellen Dokumentvorlage Klausur xx.dot voraus.

Erfassung der Klausuraufgaben

- Zur Erfassung des Punktwertes einer Aufgabe muss die Zeichen-Formatvorlage „Punktwert", Tastenkombination <Alt + P>, verwendet werden.
- Bei der Eingabe der erwarteten Antworten müssen diese „ausgeblendet" formatiert werden:
  - Tastenkombination <Strg + Shift + H>.
  - Vorsicht: Absatzmarken dürfen nicht ausgeblendet formatiert sein. Sie müssen daher in einem weiteren Schritt wieder „nicht ausgeblendet" formatiert werden, Tastenkombination wie zuvor.
  - Layout in der Seitenansicht-Vorschau prüfen. Dazu muss zuvor in den Druckoptionen der Druck von „Ausgeblendeten Text" deaktiviert werden.
- Das erzwungene Zusammenhalten mehrerer Absätze auf einer Seite ist in der gesamten Klausurvorlage vorgegeben. Für den jeweils letzten Absatz einer Frage (letzte Zeile vor der nächsten Aufgabe) muss diese Formatierung manuell abgeschaltet werden. Das kann auf zwei Arten geschehen:
  - Der lange Weg führt über Format → Absatz → Register „Zeilen- und Seitenwechsel" → Option „Absätze nicht trennen" deaktivieren.
  - Auf den Rechnern unserer Schule geht es schneller über die Schaltfläche „Absätze trennen".
- Für den Druck einer Korrekturvorlage mit erwarteten Antworten
  - in den Druckoptionen „Ausgeblendeten Text" aktivieren und
  - im Druckdialog rechts unten unter Zoom → Seiten pro Blatt → „2 Seiten" wählen.

Benotung der Klausur

- Im Tabellenregister der einschlägigen Excel-Datei am unteren Bildschirmrand die Tabelle „Neue Klausur..." wählen. Nach Doppelklick auf die Registerzunge kann hier eine eindeutige Klausurbezeichnung eingegeben werden, z. B. „Blockabschluss Mai 2002".
- Für den Ausdruck im Querformat wie folgt vorgehen:
  - Im Menü „Datei" auf „Seitenansicht" klicken.
  - Auf die Schaltfläche „Layout" klicken.
  - Im Register „Papierformat" die Option „Querformat" aktivieren, dann „OK" klicken.
  - Den Druck durch Klicken auf die Schaltfläche „Drucken..." auslösen.

Verfahrensanweisung: Vorbereitung, Durchführung und Nachbereitung des Examens in der Krankenpflege

St. Elisabeth-Krankenhaus Neuwied, St. Josef-Krankenhaus Bendorf, Kranken- und Kinderkrankenpflegeschule Neuwied/Bendorf

Zweck und Ziel

- Die Verfahrensanleitung beschreibt in chronologischer Reihenfolge, unter Berücksichtigung der gesetzlichen, verwaltungsmäßigen und schulischen Rahmenbedingungen, die organisatorische Abwicklung des Krankenpflegeexamens.
- Die zeitlichen Vorgaben gewährleisten, dass die für die Vorbereitung, Durchführung und Nachbereitung des Krankenpflegeexamens erforderlichen Planungsschritte fristgemäß erledigt werden.
- Die anliegenden Formblätter in Form von Dokument- bzw. Tabellenvorlagen vereinfachen den administrativen Aufwand der einzelnen Planungsschritte.
- Die Aufgabenverteilung und Verantwortlichkeiten sind den mit der Examensorganisation beauftragten Mitarbeitern bekannt.

Geltungsbereich

- Schulteam (Schulleitung, hauptamtlich beschäftigte Lehrkräfte, Schulsekretärinnnen),
- Nebenamtlich beschäftigte Dozenten, soweit sie an der Prüfung beteiligt sind,
- Mentoren, soweit sie an der praktischen Prüfung beteiligt sind,
- Stationsleitungen, soweit in ihrer Station praktische Prüfungen stattfinden,
- Landesamt für Soziales, Jugend und Versorgung.

Begriffe

Gesetzliche Rahmenbedingungen:

- Krankenpflegegesetz mit Ausbildungs- und Prüfungsordnung für die Berufe in der Krankenpflege.

Verwaltungsmäßige Rahmenbedingungen:

- Vorgaben des Landesamtes für Soziales, Jugend und Versorgung, das als Aufsichtsbehörde des Landes Rheinland-Pfalz für die Krankenpflegeschulen zuständig ist.
- Richtlinien für Arbeitsverträge in den Einrichtungen des deutschen Caritasverbandes (Arbeitsvertragsrichtlinien = AVR)

Vorgehensweise

Welche Aufgaben?	Bis wann?	Wer verantwortlich?
• Kindergarten über die Termine des bevorstehenden schriftlichen und mündlichen Examens informieren (Kindergarten ist der Pflegeschule baulich angegliedert)	Januar	Sekretärin
• Betriebsärztliche Untersuchung, einschließlich Ausstellung des Gesundheitszeugnisses (Formblatt 1: Gesundheitszeugnis) planen und organisieren	Februar/ Juli	Sekretärin
• Namensliste mit Spalten anlegen zum Ankreuzen bei Vorliegen der jeweils zum Examen notwendigen Unterlagen: Lebenslauf, Geburts-/Heiratsurkunde, polizeiliches Führungszeugnis (Formblatt 2: Vollständigkeit der Unterlagen). • Prüfung der Unterlagen auf Vollständigkeit. Schüler ggfs. zur Vervollständigung der Unterlagen (Geburts-/Heiratsurkunde) auffordern	Februar/ Juli	Sekretärin
• Im Schulverwaltungsprogramm (Krdat), Adressenliste der Schüler ausdrucken und zur Kontrolle auf Aktualität in die Klasse geben, ggfs. aktualisieren	Februar/ Juli	Sekretärin
• Zusammenstellung des Prüfungsausschusses, Absprache der Termine und ggfs. der Prüfungsfächer mit den Fachprüfern – schriftlich: Fachprüfer und Vertreter – praktisch: Fachprüfer und Vertreter – mündlich: Fachprüfer und Vertreter (Formblatt 3.1/3.2/3.3: Prüfungsausschuss) • Plan für die praktische Prüfung erstellen. Beginn ca. fünf Monate vor Ausbildungsende (Formblatt 4: Plan für die praktische Prüfung) • Anträge und Bescheinigung vorbereiten und unterschreiben lassen: – Individualantrag des Schülers zur Prüfungszulassung vorbereiten (Formblatt 5: Individualantrag) – Sammelantrag der Schule auf Zulassung zur Prüfung (Formblatt 6: Sammelantrag) – Bescheinigung der regelmäßigen Teilnahme (Formblatt 7: Regelmäßige Teilnahme)	Januar/ Juli	Klassenlehrer
• Auftrag zur Erstellung des Lebenslaufes. Konkrete Terminvorgabe	Februar/ Juli	Sekretärin/Schulleitung

Welche Aufgaben?	Bis wann?	Wer verantwortlich?
• Prüfungsunterlagen für das Landesamt komplettieren und zusammenstellen (Formblatt 8: Checkliste Unterlagen für Landesamt) – Formblatt 1 – Formblatt 3.1/3.2/3.3 – Formblatt 5 – Formblatt 6 – Formblatt 7 – Formblatt 9: Anschreiben Prüfungsunterlagen – Formblatt 10: Anschreiben Prüfungsausschuss – Lebenslauf der Schüler – Geburts-/Heiratsurkunde – Führungszeugnis (als Nachsendung) – Gesundheitszeugnis (als Nachsendung)	Februar/ August	Schulleitung/Sekretärin
• Information der Schüler über den chronologischen und inhaltlichen Verlauf der Prüfung (Formblatt 11: Prüfungsinformation der Schüler) • Gestaltungsvorschlag für den mündlichen Examenstag: – Schüler motivieren, eine Dankandacht zu organisieren – Mittagessen in der Cafeteria: Suppe? Pizza? Entscheidung! – Einladung von Angehörigen? Anzahl ermitteln! • Aufforderung, polizeiliche Führungszeugnisse drei Monate vor Ausbildungsende zu beantragen	Februar/ Juli	Klassenlehrer Schulleitung
• Nach Rücklauf der Zulassungen zur Prüfung und dem Erhalt der schriftlichen Aufsichtsarbeiten vom Landesamt: Gesamtunterlagen und Arbeiten im Schultresor einschließen	März/ September	Schulleitung
• Schüler über Zulassung zur Prüfung schriftlich informieren und umgehende Bestätigung anfordern (Formblatt 12: Mitteilung über Prüfungszulassung und -termin; Formblatt 13: Bestätigung an Schüler über Zulassung) • Falls noch nicht im Unterricht geschehen: Mit gleichem Anschreiben den Zeitpunkt und die Prüfer der praktischen Prüfung mitteilen (Auszug aus Formblatt 4)	März/ September	Schulleitung/Sekretärin

Welche Aufgaben?	Bis wann?	Wer verantwortlich?
• Stationen, in denen Schüler zur praktischen Prüfung eingeteilt sind, über den Zeitpunkt und die Prüfer der praktischen Prüfung informieren. Auch die Stationen, von der aus Schüler für die Prüfung auf andere Stationen wechseln, z. B. Intensiv 12 (Auszug aus Formblatt 4)	März/ September	Klassenlehrer/ Sekretärin
• Protokolle zur praktischen Prüfung kopieren (Original = Formblatt 14a, 14b, 14c)	März/ September	Sekretärin
• Durchführung der praktischen Prüfungen frühestens fünf Monate vor Ausbildungsende • Prüfungsprotokolle der praktischen Prüfung im Sekretariat unter Verschluss ablegen und daraus die Niederschriften der praktischen Prüfung erstellen (Formblatt 15: Niederschrift praktische Prüfung)		Fachprüfer/Sekretärin
• Niederschrift der schriftlichen Prüfung erstellen (Formblatt 16: Protokoll-Niederschrift schriftliche Prüfung) • Zensurbögen zu den schriftlichen Aufsichtsarbeiten erstellen (Formblatt 17: Zensurbögen)	Juni/ Dezember	
• Kündigungen vorbereiten (Formblatt 18: Ende der Ausbildungszeit) • Kündigung des Ausbildungsverhältnisses unterschreiben und spätestens drei Monate vor Ausbildungsende an die Auszubildenden aushändigen	Juni/ Dezember	Sekretärin KD Schulleitung
• Nach Rücklauf der Mitteilungen der Schüler (über den Erhalt der Information zur Prüfungszulassung) diese zum Landesamt senden		Sekretärin
• Krankenhauskapelle zur Durchführung der Dankandacht reservieren	Januar/Juli	Klassenlehrer

• Einladungen zur Dankandacht mit Rückmeldung (Formblatt 19a, 19b, 19c):
  – Direktorien Bdf./Nr.
  – PD von Waldbreitbach und Loreley-Kliniken
  – Seelsorger
  – Mitprüfer der praktischen Prüfungen
  – siehe auch Einladungsliste (Formblatt 20)
	Januar/Juli	Schulleitung

Welche Aufgaben?	Bis wann?	Wer verantwortlich?

• Nachsendung an das Landesamt:
  – Führungszeugnis
  – Gesundheitszeugnis
  – Kurzbrief
		Sekretärin

• Diplomgeld über den Klassenrat einsammeln lassen, Frau Schmidt zur Aufbewahrung im Schultresor übergeben	Januar/ August	Klassenlehrer
• Notenliste zum Eintrag der schriftlichen Prüfungsergebnisse vorbereiten (Formblatt 21: Notenliste)	Januar/ August	Klassenlehrer
• Zwei Wochen vor dem schriftlichen Examen die Küchenbestellung für alle Examensteile aufgeben (Formblatt 22)	Januar/ August	Klassenlehrer/ Sekretärin
• Ordner Anlegen, um die jeweiligen Prüfungsarbeiten und Protokolle abzuheften	Januar/ August	Sekretärin
• Protokolle für die mündliche Prüfung fertigstellen. Ggfs. vorliegende Protokolle ausdrucken und aktualisieren lassen (Formblatt 23: Protokoll mündliche Prüfung)	Januar/ August	Sekretärin/Fachprüfer
• Zur schriftlichen Prüfung besorgen: Süßigkeiten für jeden Schülertisch an beiden Tagen, Kerze, Blumengesteck	Prüfungsvortag	Klassenlehrer/ Sekretärin
• Aufsichtsarbeiten der schriftlichen Prüfung im Archiv kopieren lassen (Anzahl der Schüler +1) und wieder im Tresor deponieren	Prüfungsvortag	Klassenlehrer/Archiv
• Großen Klassenraum am Vortag der schriftlichen Prüfung gestalten, Kerze, Blumenschmuck, Süßigkeiten	Prüfungsvortag	Klassenlehrer

• Prüfungstage eins und zwei:
  – Die jeweils anstehenden Aufsichtsarbeiten und Formblatt 13 bereitlegen
  – Begrüßung der Schüler
  – Hinweise:
    ▸ auf die Bestimmungen der §§ 9 und 10 der Ausbildungs- und Prüfungsordnung, auf die ausschließliche Bewertung der vorgegebenen Anzahl der geforderten Antworten nicht mit Bleistift zu schreiben.
	Prüfungstage	Klassenlehrer/
		Aufsichtspersonen/
		Schulleiter

§

Welche Aufgaben?	Bis wann?	Wer verantwortlich?
• Zensur der Examensarbeiten; Stichtag 15 Tage vor dem mündlichen Examen • Notenergebnisse in das vom Landesamt für die Klasse zugesandte Formular handschriftlich eintragen und dem Landesamt übermitteln (Formblatt 25, Muster: schriftliche Notenergebnisse-Landesamt)	nach den schriftlichen Prüfungen	Klassenlehrer/ Schulleitung/ Sekretärin
• Ablaufplan für die mündliche Prüfung erstellen und mit der o. a. Notenliste an das Landesamt senden. Formblatt 24 Ablaufplan für die mündliche Prüfung)	August/ Februar	Klassenlehrer/ Sekretärin
• Klassenbuchabschluss	März/ September	Klassenlehrer
• Klassenschmuck (Kerze, Blumengesteck usw.) zum mündlichen Examen bestellen • langstielige Rosen zur Gratulation der Schüler nach bestandenem Examen bestellen	März/ September	Sekretärin
• Fotoapparat, Batterien, Filme, Stativ: vorbereiten und vorhalten	Prüfungsvortag	Schulleitung
• Ansprache im Rahmen der Dankandacht am Examenstag vorbereiten		Klassenlehrer
• Unterlagen zusammenstellen für den mündlichen Prüfungstag (werden am Prüfungstag im Prüfungsraum platziert): – Namensliste der Klasse – Ablaufplan – Klassenbuch – schriftliche Aufsichtsarbeiten (ohne Korrektur- u. Zensurbogen) – praktische Prüfungsniederschriften (ohne Protokolle)	Prüfungsvortag	Schulleitung/ Klassenlehrer
• Notensammelliste zur Erfassung der Einzelnoten aus der mündlichen Prüfung (Formblatt 26 Notensammelliste)	Prüfungsvortag	Schulleitung
• Kleinen Klassenraum vor der mündlichen Prüfung herrichten: vier Tische je drei Stühle, Tisch für Getränke, Kerze, Blumenschmuck	Prüfungsvortag	Klassenlehrer
• Konferenzraum vor der mündlichen Prüfung herrichten, sodass von der Küche für die Pause eingedeckt werden kann. Personen: Team, Prüfungsvorsitzender, Fachprüfer		Klassenlehrer

Welche Aufgaben?	Bis wann?	Wer verantwortlich?
• Prüfungstag mündlich: – Begrüßung der Prüflinge, Informationen zum Ablauf gemäß Ablaufplan (Formblatt 24) – nach Abschluss der Prüfung Notenkonferenz – PD informieren – Aushändigen der Zeugnisse und Urkunden	Prüfungstag	Schulleitung/ Prüfungsvorsitzender
• Gratulation, Klassenfoto, Imbiss • ca. 15:00 Uhr Dankandacht • Ausklang in der Cafeteria	Prüfungstag	
• Information der Personalabteilung: bestanden, nicht bestanden per Namensliste	nach dem Examen	Schulleitung/ Sekretärin
• Filme zur Entwicklung bringen, Auswahl eines Fotos, Nachbestellung von 80 Bildern	nach dem Examen	Sekretärin
• Text für Fakt erstellen, Foto scannen, Bilddatei und Textdatei getrennt auf eine Diskette kopieren und an die Fakt-Redaktion des Krankenhauses weiterleiten • Drei Fotos zur Veröffentlichung in den Medien an Frau v. Heusinger (Ass. des Kaufmännischen Direktors) senden	nach dem Examen	Klassenlehrer
• Danksagung für die Stationen gestalten und ausdrucken • Danksagungen nach dem Verteiler im Schülerhandbuch an die Stationen versenden	nach dem Examen	Schulleitung/ Klassenlehrer/ Sekretärin

• Ablegen der Schülerunterlagen erfolgt getrennt nach der Dauer – Aufbewahrungspflicht gemäß der Vorgabe des Krankenpflegegesetzes:
– Unterlagen mit dreijähriger Aufbewahrungszeit: Ordner 1A und 1B
   ▸ Namensliste
   ▸ Adressliste
   ▸ schriftliche Aufsichtsarbeiten alphabetisch abgelegt in der Reihenfolge: Krankenpflege, Krankheitslehre, Anatomie/Physiologie Berufs-/Gesetzes- und Staatsbürgerkunde jeweils mit farbigen Einlageblättern abgetrennt
	nach dem Examen	Sekretärin

Welche Aufgaben?	Bis wann?	Wer verantwortlich?

- Unterlagen mit zehnjähriger Aufbewahrungszeit: Ordner 2A-2E
  - Klassenspiegel, Namensliste, Adressenliste
  - Leitbild im Blockunterricht
  - Auflistung der Unterrichtsstunden nach Fächern
  - Auflistung der Gesamtstunden im praktischen Teil der Krankenpflegeausbildung
  - Klassenbuch, Stundenpläne, Einsatzpläne
  - Schriftverkehr mit dem Landesamt:
    - Bestellung des Prüfungsvorsitzenden
    - Prüfungstermine sowie Bestellung der Fachprüfer u. Stellvertreter u. Zulassung zur Prüfung
    - ggfs. Angaben zu Überschreitung der Fehlzeiten
    - Mitteilung der Prüfungsergebnisse
    - Prüfungsniederschriften der schriftlichen Prüfungen
    - Niederschrift über das Gesamtergebnis der schriftlichen Prüfungen (Notenzusammenfassung)
    - Notenlisten der Fachprüfer von den schriftlichen Aufsichtsarbeiten
    - Prüfungsplan zur Durchführung der praktischen Prüfung
    - Gesamtnotenliste der praktischen Prüfungen
    - Niederschriften über die praktische Prüfung
    - Protokolle der praktischen Prüfungen
    - Gesamtnotenliste der mündlichen Prüfung
    - Protokolle der mündlichen Prüfung
    - Personalien
      a) Kurs
         Namensliste, Namenskürzel, Adressenliste
      b) Personen in alphabetischer Folge
         Lebenslauf
         Ausbildungsvertrag
         medizinischer Gerätepass
         ärztliches Attest
         allgemeiner Schriftverkehr
         Stundennachweise – Praxis
         Beurteilungsbögen – Praxis
- Aufbewahrung der Unterlagen erfolgt im Archiv der Schule

Dokumentation

Im Rahmen der Verfahrensanleitung geregelt.

Anlagen und Unterlagen

Formblatt 1:   Gesundheitszeugnis
Formblatt 2:   Vollständigkeit der Unterlagen
Formblatt 3.1/3.2/3.3: Prüfungsausschuss
Formblatt 4:   Plan für die praktische Prüfung
Formblatt 5:   Individualantrag
Formblatt 6:   Sammelantrag
Formblatt 7:   Regelmäßige Teilnahme
Formblatt 8:   Checkliste Vollst. Unterlagen La.
Formblatt 9:   Anschreiben Prüfungsunterlagen
Formblatt 10:   Anschreiben Prüfungsausschuss
Formblatt 11:   Prüfungsinformation der Schüler
Formblatt 12:   Mitteilung über Prüfungszulassung und -termin
Formblatt 13:   Bestätigung an Schüler über Zulassung
Formblatt 14a, 14b, 14c: Protokolle der praktischen Prüfung
Formblatt 15:   Niederschrift praktische Prüfung
Formblatt 16:   Niederschrift schriftliche Prüfung
Formblatt 17:   Zensurbögen
Formblatt 18:   Ende der Ausbildungszeit
Formblatt 19a: Examenseinladung Deckblatt
Formblatt 19b: Examenseinladung innen
Formblatt 19c: Examenseinladung Rückmeldung
Formblatt 20:   Einladungsliste
Formblatt 21:   Notenliste schriftlich
Formblatt 22:   Vordruck: Küchenplan
Formblatt 23:   Protokoll der mündlichen Prüfung
Formblatt 24:   Ablaufplan für die mündliche Prüfung
Formblatt 25:   (Muster) schriftliche Notenergebnisse Landesamt
Formblatt 26:   Notensammelliste mündliche Prüfung

Verfahrensanweisung:
Regelkommunikation Teambesprechung

St. Elisabeth-Krankenhaus Neuwied, St. Josef-Krankenhaus Bendorf, Kranken- und Kinderkrankenpflegeschule Neuwied/Bendorf

Zweck und Ziel
- In dieser Verfahrensanweisung wird beschrieben, wie die regelmäßigen Besprechungen des Lehrerteams stattfinden.
- Die Beteiligten haben den gleichen aktuellen Informationsstand über Schüler bzw. Klassen und schulorganisatorische Gegebenheiten.

Geltungsbereich
- Schulteam (Schulleitung, hauptamtlich beschäftigte Lehrkräfte).

Begriffe

Pädagogische Konferenz

Es werden vorwiegend schülerbezogene Themen behandelt, die sich direkt aus der Begegnung im Schulalltag ergeben: Rückmeldungen aus der Praxis, Leistungen der Klassen bzw. einzelner Schüler, Besonderheiten im Unterrichts- oder Pausenverhalten, Krankheitsfälle, Krisensituationen, Blockauswertung usw. Darüber hinaus wird auch über Unterrichtserfahrungen, Exkursionen u.v.a.m. berichtet.

Organisatorische Konferenz:

Es werden Themen erörtert, die den schulorganisatorischen Ablauf betreffen: interne und externe Termine, Raumplanung, Dienstwagenbedarf, aktuelle Themen und Ereignisse etc.

Vorgehensweise

Welche Aufgaben?	Bis wann?	Wer verantwortlich?
• Regelkommunikation findet zweimal in der Woche statt. Dienstags 14:45–15:45 Uhr pädagogische Konferenz, donnerstags 14:45-15:45 Uhr organisatorische Konferenz	Dienstag/ Donnerstag	Team
• Die Teilnahme ist verpflichtend • Bei externen Terminabsprachen sind die Konferenztermine mit hoher Priorität zu berücksichtigen		Team

Welche Aufgaben?	Bis wann?	Wer verantwortlich?
• Über die Inhalte, Vereinbarungen, Aktionen zur pädagogischen Konferenz wird ein Protokoll geführt. (Formblatt 1: Protokoll über die pädagogische Konferenz) • Die Protokollführung erfolgt im Rotationsprinzip • Entscheidungen im Rahmen der organisatorischen Sitzung sind protokollarisch zu dokumentieren und im Protokollordner der pädagogischen Sitzungen hinten abzuheften		Team
• Die Reinschrift des Protokolls erfolgt im Sekretariat		Sekretärin
• Das Protokoll wird im Ordner „Protokolle Teambesprechung" im offenen Regal des Sekretariates abgeheftet		Sekretärin
• Schülervertretung und Klassenräte können auf Antrag an Konferenzen teilnehmen, soweit die eingebrachten Punkte es erfordern		Schulleiter/ Klassenvertreter

Dokumentation

Bezeichnung	Zuständig für Erstellung	Zuständig für Archivierung	Ablage	Dauer	Zugriffsberechtigung
Protokoll	Teammitglied	Sekretärin	Ordner im Sekretariat	10 Jahre	Schulteam

Anlagen und Unterlagen

Formblatt 1:   Protokoll über die pädagogische Konferenz

Verfahrensanweisung:
Einführungsblock mit integrierten Praxisstudientagen

Marienkrankenhaus Trier-Ehrang, Südeifel-Kliniken Bitburg, Clemens-August Krankenhaus – Krankenpflegeschule

Vorbemerkung

- In dieser Verfahrensanleitung werden die Besonderheiten zur Planung des Einführungsblockes beschrieben.
- Eine Besonderheit ist die Integration der Praxis-Studientage. Für die Praxis-Studientage erhält der Schüler sowie der Mentor der Station in Form eines Stufenplanes Vorgaben über die durchzuführenden Tätigkeiten.
- Bei der Stundenplangestaltung[32] ist darauf zu achten, dass die theoretischen Inhalte vor der Umsetzung in den entsprechenden Praxis-Studientag unterrichtet wurden. Zur Konkretisierung der theoretischen Lerninhalte und zur Reflexion der durchgeführten praktischen Tätigkeiten erhalten die Schüler zu entsprechenden Themen Praxisaufträge. Diese Praxisaufträge müssen in schriftlicher Form bearbeitet werden und dem Lehrer, der das Thema unterrichtet hat, bis zu einem bestimmten Termin abgegeben werden.
- Weitere Besonderheiten zur Planung des Einführungsblockes sind:
  - Vorstellung des Schulteams
  - Vorstellung der Praxisanleiter
  - Vorstellung des Direktoriums
  - Vorstellung der Stationsleitungen/der Mentoren
  - Führung durch das Krankenhaus
  - Einführungsgottesdienst im Rahmen des Einführungstages für die neuen Mitarbeiter
  - Kennenlernen des zweiten Einsatzortes für die praktische Ausbildung mit Vorstellung des Direktoriums (St. Elisabeth-Krankenhaus, Gerolstein bzw. St. Josef-Krankenhaus, Hermeskeil).

Ziele

- Der Schüler kann aufgrund der integrierten Praxis-Studientage praxisrelevante theoretische Unterrichtsinhalte unter Anleitung eines Mentors in der Praxis umsetzen.
- Der Schüler wird frühzeitig mit den Gegebenheiten in der Praxis konfrontiert und lernt sein Arbeitsfeld kennen.
- Der Schüler bekommt praktische Erfahrungen während des Theorieblockes.
- Der Schüler kann theoretische Inhalte und Kenntnisse im praktischen Handlungsfeld einüben und vertiefen.

---

32 Siehe Verfahrensanweisung Blockplanung.

Geltungsbereich

- Leitung der Krankenpflegeschule
- Kursleitung
- Schüler
- Stationsleitung/Mentor
- Praxisanleitung
- Pflegedirektion

Begriffe

Praxis-Studientag

Nach dreieinhalb Wochen theoretischem Unterricht werden die Auszubildenden für jeweils zwei Tage in der Praxis eingesetzt. Die Praxis-Studientage sind in der Jahresplanung bereits vorgesehen. Die Arbeitszeit für die zwei Praxistage entspricht 14,5 Stunden. Die Auszubildenden haben an diesen beiden Tagen nur Frühdienst, da in dieser Arbeitszeit die meisten pflegerelevanten Tätigkeiten anfallen.

Stufenplan

Der Stufenplan wird anhand des Stundenplanes mit praxisrelevanten Themen vom einfacheren zu komplexeren bzw. umfassenden Pflegehandlungen konzipiert. Für jeden Praxis-Studientag sind Tätigkeiten aufgelistet, in denen der Schüler durch einen Mentor anzuleiten ist. Jede Tätigkeit wird mit Datum und Handzeichen der anleitenden Pflegeperson dokumentiert[33].

Jahresplan

Planung der theoretischen Ausbildung der einzelnen Kurse mit Vorgabe von Blockzeiten und Urlaubszeiten, sowie die Integration der Praxis-Studientage während des Einführungsblockes[34].

Praxisaufträge

Aufträge, die in der Praxis erledigt bzw. erarbeitet werden müssen, die in einem unmittelbaren Kontext zu einem in der Theorie besprochenen Thema stehen.

Ausbildungsleitfaden für die praktische Ausbildung

Pia Wieteck, Georg Czumanski: AusbildungsLeitFaden PFLEGE, Recom® Buch- & Softwareverlag, 2001
Nachweis für den praktischen Teil der Krankenpflegeausbildung, in dem der Lernstand „gezeigt", „geübt", „können", „Lernziel erreicht" dokumentiert wird.

---

33 Siehe Formblatt Stufenplan. Der Stufenplan wird im Ausbildungsleitfaden abgeheftet.
34 Siehe Verfahrensanleitung Jahresplanung.

Einführungsgottesdienst

Im Rahmen der „Einführung neuer Mitarbeiter" findet ein Gottesdienst statt, auch für die neuen Auszubildenden. Der Termin wird frühzeitig der Schule mitgeteilt, sodass der Termin im Stundenplan berücksichtigt werden kann.

Jugendarbeitschutzgesetz

In diesem Gesetz ist die Arbeitszeit, die Pausenregelung und die Feiertagsruhe für Jugendliche unter achtzehn Jahren geregelt.

Vorgehensweise

Welche Aufgaben?	Bis wann?	Wer verantwortlich?
• Erstellen des Stundenplanes mit Integration der Praxis-Studientage[35]	8–10 Wochen vor Blockbeginn	Kursleitung/ Schulleitung
• Information an die Stationen – Vorstellung des Stufenplans	Im Mentorentreffen vor Ausbildungsbeginn	Kursleitung/Schulleitung; Terminierung erfolgt durch die Praxisanleitung
– Terminierung der Praxis-Studientage[36]	Im Vorjahr	Schulleitung
– Anfrage über Name und Anzahl der zur Verfügung stehenden Mentoren[37]	Zu Beginn der Ausbildung	Schulleitung
– Anzahl und Name der Schüler an den Praxis-Studientagen	Eine Woche vor dem 1. Praxis-Studientag	Schulleitung
• Stufenplan zusammenstellen; Festlegung der zu erlernenden Praxisinhalte an den entsprechenden Praxis-Studientagen (Orientierung erfolgt am Stundenplan)	2–3 Wochen vor Blockbeginn	Kursleitung/ Schulleitung/ Verantwortlicher Lehrer
• Information an die Schüler – Informationsgespräch über Sinn und Zweck der Praxis-Studientage	Einige Tage vor dem 1. Praxis-Studientag (im Stundenplan berücksichtigt)	Kursleitung/ Schulleitung
– Mitteilung der Station und Information zur Vorstellung auf der Station		Kursleitung/ Schulleitung
– Erläuterung zu den Arbeitszeiten unter Beachtung des Jugendarbeitsschutzgesetzes	Vor dem 1. Praxis-Studientag	Mitarbeiter aus der Personalabteilung

---

35 Siehe Verfahrensanweisung Blockplanung.
36 Siehe Verfahrensanweisung Jahresplanung.
37 Formblatt zur Rückmeldung der Mentoren.

Welche Aufgaben?	Bis wann?	Wer verantwortlich?
– Austeilen des Stufenplanes	Vor dem 1. Praxis-Studientag	Kursleitung/ Schulleitung
– Verteilen der Praxisaufträge	Nach Beendigung der Unterrichtseinheit	Lehrer, der das Thema unterrichtet
– Information zu den praktischen Einsätzen in Bezug auf Einsatzorte und Fachdisziplin sowie Einsatzzeitpunkte[38]	Einige Tage vor dem 1. Praxis-Studientag	Schulleitung/Lehrkraft, die die praktischen Einsätze plant
• Feed-back zu den Praxisaufträgen		
– Durchlesen der Erarbeitung	Nach Abgabe des Auftrages	Lehrer, der den Auftrag erteilt hat
– Rückmeldung an den Schüler	Terminabsprache	Lehrer, der den Auftrag erteilt hat
• Planung der weiteren Besonderheiten		
– Vorstellung des Teams und der Praxisanleiter	Am 1. Blocktag	Kursleitung/ Schulleitung
– Kennenlernen untereinander	Am 1. Blocktag	Kursleitung/ Schulleitung
– Vorstellen des Direktoriums, der Stationsleitungen, der Mentoren	Nach Terminabsprache	Kursleitung/ Schulleitung
– Einführungsgottesdienst	Terminfestlegung	Direktorium (Terminweitergabe an Schulleitung)
– Kennenlernen des zweiten Einsatzortes mit Direktoriumsvorstellung	Nach Terminabsprache	Kursleitung/ Schulleitung

Dokumentation

- Die acht Praxis-Studientage sind bereits in der Jahresplanung festgelegt[39].
- Die durchgeführten praktischen Tätigkeiten werden auf dem Stufenplan mit Datum und Handzeichen der anleitenden Pflegeperson dokumentiert.
- Abheften des Stufenplans im Ausbildungsleitfaden für die praktische Ausbildung.
- Abheften der Praxisaufträge im Schülerordner[40].

Unterlagen

- Jugendarbeitsschutzgesetz[41]
- Jahresplanung

---

38 Siehe Verfahrensanleitung praktischer Einsatz.
39 Verteilerliste: Siehe Sekretariat Ordner Jahresplanung.
40 Standort: Sekretariat.
41 Standort: Bibliothek.

- Formular: Stufenplan
- Formular: Rückmeldung der Mentoren

PST-Stufenplan

Name des Schülers: Station:

        7./8. Praxisstudientag 22./23.11.2001   HZ
- Ganzkörperpflege unter Aufsicht
- Einblick in Pflegedokumentation und Durchführung unter Aufsicht
- Mündliche Übergabe

        5./6. Praxisstudientag 15./16.11.2001   HZ
- Ganzkörperpflege unter Aufsicht
- Teilpflegen unter Aufsicht (siehe unten)
- Einblick in Pflegedokumentation und Durchführung unter Aufsicht
- Einüben von Elementen der Übergabe (Weitergabe v. Beobachtung am Patienten)
- Hilfestellungen (siehe unten)

        3./4. Praxisstudientag 08/09.11.2001   HZ
- Zuschauen/Assistenz bei:
  Teilwaschung
  Ganzkörperpflege
  Einblick in Pflegedokumentation
  Teilpflegen (unterteilen in: Haarpflege, Mundpflege, Hautpflege, Prothesenpflege, Ohrenpflege, Nasenpflege, Augenpflege)
- Hilfestellungen unter Aufsicht:
  Essen anreichen
  Steckbecken/Urinflasche
  einfache Lagerung
  einfache Mobilisation
- Mobilisation unter Aufsicht
- Betten eines bettlägerigen Patienten mit Bettwäschewechsel

1./2 Praxisstudientag 25./26.10.2001   HZ
- Händedesinfektion
- Teilpflegen beobachten
- Betten eines leeren Bettes/Mithelfen beim Betten eines bettlägerigen Patienten
- Vitalzeichenkontrolle und Dokumentation (Temp./Puls/RR)
- Essenausgabe
- Zuschauen/Assistenz bei Hilfestellungen:
  Essen anreichen
  Steckbecken/Urinflasche anreichen
  einfache Lagerung
  einfache Mobilisierung – Führen des Patienten
- Mithilfe bei der Wartung des Pflegewagens
- Desinfektionsmaßnahmen
- Einblick in Bau und Einrichtung der Station und der Krankenzimmer
- Einblick in Teilbereiche des Stationsablaufes
- Kennenlernen der Wegführung im Krankenhaus

Formular: Feed-back-Bogen-Schüler

Marienkrankenhaus Trier-Ehrang, Südeifel-Kliniken Bitburg, Clemens-August Krankenhaus – Krankenpflegeschule

Name des Schülers: Datum:

Bewertung und Reflexion der bisherigen Ausbildungszeit	++	+	±	–	– –
Schätzen Sie Ihr persönliches Lernverhalten ein in der: • Theorie • Praxis					
Haben Sie Ihre gesetzten Ziele in der bisherigen Ausbildung erreicht? • Theorie • Praxis					
Haben Sie (Ihrer Meinung nach) die in Sie gesetzten Ziele erreicht? • Theorie • Praxis					
Wie fühlen Sie sich in der Ausbildung? • Theorie • Praxis					
Konnten Sie das theoretische Wissen in die Praxis umsetzen?					
Was hat Ihnen in dem praktischen Einsatz gefallen/nicht gefallen? Bitte formulieren:					
Was hat Ihnen in der theoretischen Wissensvermittlung gefallen/nicht gefallen? Bitte formulieren:					
Haben Sie Verbesserungsvorschläge für die Gestaltung der theoretischen und praktischen Gestaltung?					
Wo benötigen Sie noch Unterstützung?					
Bemerkungen:					

Unterschrift:

Schüler   Kursleitung

Verfahrensanweisung:
Schülergespräche – Probezeit

Marienkrankenhaus Trier-Ehrang, Südeifel-Kliniken Bitburg, Clemens-August Krankenhaus – Krankenpflegeschule

Vorbemerkungen

- Das Schülergespräch in der Probezeit dient dazu, die fachliche und persönliche Lernleistung des Schülers zu würdigen und dem Schüler eine Standortbestimmung in seinen Lernfeldern aufzuzeigen.
- Aufgrund der Kommunikation wird die Selbstverantwortung des Schülers für die Ausbildung unterstützt und gefördert.
- Die Gespräche mit dem Schüler ermöglichen eine frühzeitige Festlegung von Fördermaßnahmen, die wiederum eine individuelle Unterstützung des Schülers zulassen.
- Durch den Austausch zwischen Schülern und Lehrkräften wird ein vertrauensvolles Lehr- und Lernklima und eine gegenseitige positive Wertschätzung geschaffen.

Ziele

- Der Schüler ist über den theoretischen und praktischen Leistungsstand informiert.[42]
- Der Schüler kennt seine Stärken und Schwächen.[43]
- Dem Schüler werden seine Verbesserungspotenziale aufgezeigt.[44]
- Die Schüler erfahren notwendige Hilfestellungen und Unterstützung während ihrer Ausbildung.[45]
- Schulleitung, Kursleitung und die Teammitglieder sind über das Lernverhalten und den Lernstand des Schülers informiert.[46]
- Dem Schüler sind die Erwartungen seitens der Krankenpflegeschule bekannt.[47]
- Der Schüler kennt seinen Leistungsstand und weiß, ob die Probezeit gefährdet ist oder nicht.[48]

Geltungsbereich

- Leitung der Krankenpflegeschule
- Kursleitung
- Teammitglieder

---

42 Methode: Schülergespräch, Klausuren und Beurteilungen aus der Praxis.
43 Methode: Schülergespräch und Dokumentation im Formblatt „Schülergespräche – Probezeit".
44 Methode: Schülergespräch und Dokumentation im Formblatt „Schülergespräche – Probezeit".
45 Methode: Gespräche und individuelle Förderung.
46 Methode: Teamgespräch.
47 Methode: Gespräche.
48 Methode: Schülergespräch und Dokumentation im Formblatt „Schülergespräche – Probezeit".

- Schüler
- Sekretärin
- Station/Mentor
- Praxisanleitung

Begriffe

Verbesserungspotenziale

Verbesserungspotenziale sind vorhandene individuelle Fähigkeiten, die dem Schüler im Gespräch aufgezeigt werden.

Schülerordner

Dokumentation von Personalunterlagen, Ausbildungsvertrag, Bewerbungsunterlagen, Klausuren, Beurteilungen aus der Praxis.

Vorgehensweise

Welche Aufgaben?	Bis wann?	Wer verantwortlich?

• Gesprächstermine
  – Festlegung der Gesprächstermine für die Unterkursschüler
  – Information an die Schüler über Zeitpunkt, Vorgehen, Inhalt und Dauer der Gespräche
  – Austeilen des Feed-back-Bogens an die Schüler
	Ca. 8 Wochen vor Probezeitende[49]	Kursleitung/
		Zuständige Lehrkraft

• Vorbereitung der Gespräche
  – Rückmeldungen aus Theorie und Praxis zusammentragen
  – Erstellen des Notendurchschnittes aus Theorie und Praxis
  – Vorbereitung des Gesprächsprotokolls mit entsprechenden Schülerdaten
	2 Tage vor dem Gesprächstermin	Kursleitung/
		Zuständige Lehrkraft

• Durchführung der Gespräche
  – Themen anhand des Gesprächsleitfadens
  – Feed-back der Schüler auswerten
  – ggfs. Angebot von Hilfestellung und Unterstützung
	Nach Terminabsprache	Kursleitung/
		Zuständige Lehrkraft/
		Schulleitung

• Dokumentation der Gespräche
  – Protokollierung im Gesprächsprotokoll
  – Abheften im Schülerordner
	Sofort	Kursleitung/
		Zuständige Lehrkraft/
		Sekretärin

---

[49] Ausnahme: frühzeitigerer Gesprächstermin bei Problemen in Theorie und/oder Praxis.

Welche Aufgaben?	Bis wann?	Wer verantwortlich?

• Information: Weitergabe der Gesprächsinhalte an:
  – Team
  – Praxisanleitung
  – Pflegedirektion
  – evtl. Station/Mentoren
	Teamgespräch/Regelkommunikation[50] nach Terminabsprache	

Dokumentation

- Die Gesprächsinhalte werden auf dem Formblatt „Schülergespräche – Probezeit" dokumentiert und im Schülerordner[51] abgeheftet.
- Die Reflexion des Schülers wird auf dem Formblatt Feed-back-Bogen-Schüler dokumentiert und im Schülerordner[52] abgeheftet.
- Die Dokumente werden fünf Jahre nach Beendigung der Ausbildung aufbewahrt.

Unterlagen und Anlagen

Formular: Gesprächsprotokoll – Probezeit
Formular: Feed-back-Bogen-Schüler.

---

50 Siehe Verfahrensanweisung Regelkommunikation.
51 Standort Sekretariat: Schülerordner.
52 Standort Sekretariat: Schülerordner.

Formular: Gesprächsprotokoll – Probezeit

Name des Schülers: _____ Datum: _____

Erbrachte Leistungen in der Theorie:
(Klausuren, Testate, schriftliche und mündliche Probezeitprüfung[53])

    Gesamtdurchschnitt: _____

Beurteilungen in der Praxis (s. Beurteilungsbogen)**:**

    Gesamtdurchschnitt: _____

Notizen:
_____
_____

Rückmeldung der Praxisanleitung (s. Protokoll der praktischen Anleitung)[54]:
_____
_____

Gesprächsleitfaden:

Gedankenstütze:
Persönlichkeit, Teamfähigkeit, Mitarbeit im Unterricht, Verhalten innerhalb der Klassengemeinschaft, soziale Kompetenz, Kritikfähigkeit, Lernbereitschaft, Engagement, methodische Fähigkeiten[55]

_____
_____

Vereinbarungen:
_____
_____

Probezeit:
Gefährdet: ja   nein

Wenn ja, neuer Gesprächstermin zur Überprüfung der Vereinbarungen.
Neuer Termin: _____

Unterschriften:

Schulleitung   Kursleitung/   Schüler
                    zuständige Lehrkraft

---

53 Die Klausuren, Testate sowie die schriftliche und mündliche Probezeitprüfung sind im jeweiligen Schülerordner abgeheftet und sollten zu jedem Gespräch vorliegen.
54 Bei Unklarheiten Rückfrage an die Praxisanleitungen.
55 Siehe Handbuch Orientierungs- und Beurteilungsgespräche.

Verfahrensanweisung:
Planung einer Unterrichtseinheit

St. Elisabeth-Krankenhaus Neuwied – Kinderkrankenpflegeschule
(vor der Kooperation)

Ziele

- Reflexion/Auseinandersetzung mit übergeordneten (Aus-) Bildungszielen,
- Reflexion/Auseinandersetzung der curricularen Inhalte des AKOD-Curriculums und des Krankenpflegegesetzes,
- Hilfestellung bei der Planung von Unterrichtseinheiten,
- Anhaltspunkt für Auswahl und Strukturierung von Unterrichtsinhalten,
- Grundlage für fachwissenschaftliche und qualifikatorische Planungsüberlegungen.

Geltungsbereich

- Leitung der Kinderkrankenpflegeschule,
- nebenamtlich angestellte Lehrkräfte.

Begriffe

- AKOD-Curriculum: Curriculum für die theoretische Ausbildung in der Krankenpflege, von der **A**rbeitsgemeinschaft **k**rankenpflegender **O**rdensleute **D**eutschlands herausgebracht. In der Kinderkrankenpflegeschule werden die Inhalte entsprechend modifiziert.

Evaluation

- Die beschriebene Vorgehensweise kann lediglich der Hilfestellung bei der Planung einer Unterrichtseinheit dienen. Die Planungselemente zur didaktischen Analyse dienen als grobe Orientierung, lassen somit individuelle Planungsspielräume offen.

Dokumentation

Planung einer Unterrichtseinheit

Planungsphase	Planungselemente
1. Analyse der Rahmenbedingungen	• Allgemeine Rahmenbedingungen wurden dokumentiert • Temporäre Rahmenbedingungen müssen jeweils in der Planung der einzelnen Unterrichtsstunde evaluiert werden

Planungsphase	Planungselemente
2. Analyse der Lernvoraussetzungen	• Allgemeine Lernvoraussetzungen wurden zu Ausbildungsbeginn evaluiert • Spezielle Lernvoraussetzungen (Ausbildungsstand) werden in der konkreten Unterrichtsplanung reflektiert anhand (siehe didaktische Analyse): – Klassenbucheintrag – Unterrichtsprotokoll – Rücksprache mit Dozenten – Beurteilungsbogen – Lernangebotskatalog – Rücksprache mit Schüler – ggfs. Rücksprache mit Stationen
3. Planung der Unterrichtsthemen	• Unterrichtsthemen werden entsprechend der gesetzlichen und curricularen Vorgaben im Ausbildungsverlauf geplant • Berücksichtigt werden dabei im Speziellen die Vorgaben zu den Unterrichtsinhalten und die Anzahl der Unterrichtsstunden • Themenverteilung an die Unterrichtenden nach Absprache
4. Sachanalyse	• Umfassende Zusammenschau der relevanten Inhaltselemente • Informationen aus: – Fachbüchern/Fachzeitschriften – Praxis – Pflegestandards
5. Didaktische Analyse	• Orientiert an folgenden „7 Kernfragen" für die handlungsorientierte Unterrichtsplanung (vgl. SCHEWIOR-POPP 1998, S. 74–78) – Benötigte Vorkenntnisse und Lernvoraussetzungen der Schüler? – Wie ist die Inhaltsstruktur des Themas? Welche Elemente enthält die Struktur? In welcher Beziehung stehen diese zueinander? Kann der Inhalt aus mehreren Perspektiven betrachtet werden? – Welche grundlegenden Fragen- und Problemstellungen sind mit dem Inhalt verbunden? Wie können die Schüler bei eventuellen Lernwiderständen für den Inhalt motiviert werden? – Bietet der in Aussicht genommene Inhalt (oder Teile des Inhalts) Transfermöglichkeiten, hat er exemplarischen Charakter? – Können die beabsichtigten Lernziele mit dem geplanten Inhalt erreicht werden oder erschließt der Inhalt neue oder modifizierte Lernziele? – Welche Möglichkeiten des Unterrichtsaufbaus, der Sozialformen, der Methoden, Medien und Arbeitsmaterialien erscheinen sinnvoll/notwendig? – Welche Möglichkeiten der Ergebnissicherung und des Überprüfens von Lehr- und Lernerfolgen bieten sich an?

Planungsphase	Planungselemente

6. Planungsent-scheidungen	• Konkrete Planungsentscheidungen orientieren sich an:
	  – Schülergruppe
	  – Stand der Ausbildung
	  – beeinflussende Rahmenbedingungen
	  – Unterrichtszeitpunkt
	  – Unterrichtsinhalt
	  – Lernzielen
	  – Methoden- und Organisationsentscheidungen

7. Erstellen von Unterrichtsmitteln	• Zur Verfügung stehende Mittel:
	  – Tafel
	  – Overhead-Projektor
	  – Overhead-Folien
	  – Epidiaskop
	  – Flipchart-Papier
	  – verschiedene Modelle
	  – Diaprojektor
	  – Fernseher
	  – Kassettenrekorder
	  – Videoprojektor/Filmprojektor

Nach dem Unterricht

8. Reflexion der Unterrichtsstunde/Unterrichtseinheit	• Was war gut? • Was war weniger gut? • Wurden die angestrebten Lernziele erreicht? • Was sollte in zukünftigen Planungsüberlegungen bedacht werden?

Formblatt

Unterrichts-schritt/Zeit	Inhalt der Unterrichts-phase	Geplantes Lehrer-verhalten	Erwartetes Schüler-verhalten	Medien	Sozialform/Methode

Verfahrensanweisung:
Erstellen und Korrektur von Klausuren

Marienkrankenhaus St. Wendel, St. Josef-Krankenhaus Neunkirchen – Verbundkrankenpflegeschule

Zweck und Ziel

Aufgrund des fächerintegrativen Ansatzes in der theoretischen Krankenpflegeausbildung (AKOD-Curriculum) sind mehrere haupt- und nebenamtliche Lehrkräfte am Erstellen und der Korrektur einer Klausur beteiligt.

Damit die Klausuren aber gemäß den Saarländischen Richtlinien zur Durchfürung der Ausbildung und Prüfung in den Berufen der Kranken- und Kinderkrankenpflege vom 25. September 1995 spätestens innerhalb von drei Schulwochen zurückgegeben werden können, bedarf es einer straffen Organisation beim Erstellen und der Korrektur von Klausuren. Ebenso wird in der Verfahrensanweisung ein einheitliches Layout der Klausuren geregelt.

Geltungsbereich

- Hauptamtliche und nebenamtliche Lehrkräfte.

Vorgehensweise

- Jede Klausur erhält das in der Anlage vorgesehene Deckblatt (Anlage 1).
- Jedes Klausurblatt erhält Kopfzeile mit dem Vor- und Zunamen des Schülers (rechtsbündig) und des Dozenten, der die Fragen erstellt hat (linksbündig) (Anlage 2).
- Die einzelnen Blätter der Klausuren werden nicht zusammengeheftet.
- Jeder Dozent erstellt seine Fragen selbst nach Formatvorlage (siehe Anlagen 2 und 3) und ist auch für die Korrektur seiner Fragen verantwortlich.
- Jede Frage (MC und offene Frage) wird mit maximal 3 Punkten bewertet (vgl. Examensprüfungen), halbe Punkte sind möglich.
- Die aufsichtsführende Lehrkraft ist im Anschluss an die Klausur für die Verteilung der Klausurabschnitte an die jeweiligen Dozenten verantwortlich und hat dafür Sorge zu tragen, dass fehlende Schüler einer mündlichen Prüfung unterzogen werden.
- Es wird abwechselnd eine hauptamtliche Lehrkraft für die Organisation der Klausur verantwortlich sein, d.h. dafür dass
  – die Fragen der jeweiligen Dozenten rechtzeitig vorliegen,
  – die Klausuren kopiert sind,
  – die Gesamtaddition aller Punkte und die Benotung vorgenommen wird. Die Einzelpunkte der Fragen werden jedoch vom jeweiligen Dozenten zu einer Gesamtpunktzahl seines Abschnittes bzw. Themas bzw. Fragen addiert.

- sämtliche Klausuren bis zum Ende eines Blockunterrichts korrigiert und zurückgegeben werden (gemäß der Richtlinie zur Durchführung von Prüfungen im Saarland vom 25. September 1995).
- die ermittelten Noten in die Notenlisten übertragen und bei der Schulleitung abgegeben werden.
- Die EDV-gestützte Archivierung der Klausuren erfolgt in doppelter Ausfertigung auf Diskette. Diskette A wird deponiert im Sekretariat, Diskette B im Büro des Schulleiters.
- Die Archivierung der Fragen erfolgt des Weiteren themenbezogen und nicht kursbezogen.

Unterlagen und Anlagen

- Gesetz über die Berufe in der Krankenpflege (Krankenpflegegesetz, KrPflG) vom 4. Juni 1985.
- Saarländische Richtlinien zur Durchführung der Ausbildung und Prüfung in den Berufen der Kranken- und Kinderkrankenpflege vom 25. September 1995.
- Anlage 1: Deckblatt von Klausuren.
- Anlage 2: Layout „Offene Fragen".
- Anlage 3: Layout „MC-Fragen".

Anlage 1: Deckblatt von Klausuren

Verbundkrankenpflegeschule
Marienkrankenhaus St. Wendel/St. Josef Krankenhaus Neunkirchen

Testat

Name	Vorname	
Fachbereich	Hilfsmittel	keine
Zeit	Kurs	
Datum	Punkte/Prozent	
	Note	
Max. Punktzahl	Datum/Unterschrift	

Hinweise zu:
Offenen Fragen: Erreichbare Punktzahl/Frage: 3 Punkte
MC- Fragen: Jeweils 1 Antwort ist richtig. Erreichbare Punktzahl/Frage: 3 Punkte

Anlage 2: Layout „Offene Fragen"

Dozent:	Schüler:

Offene Fragen:
1. _____
   _____

Anlage 3: Layout „MC-Fragen"

Dozent:	Schüler:

MC-Fragen:

A ☐   B ☐   C ☐   D ☐

Verfahrensanweisung:
Bewerberauswahlverfahren für Lehrer/innen der Pflegeberufe

Marienkrankenhaus St. Wendel, St. Josef-Krankenhaus Neunkirchen – Verbundkrankenpflegeschule

Zweck und Ziel

Die Arbeitsverträge der Lehrer für Pflegeberufe werden mit den der Verbundkrankenpflegeschule angegliederten Krankenhäusern geschlossen, sodass ein Teil der Lehrer arbeitsvertraglich dem Marienkrankenhaus St. Wendel, ein anderer Teil dem St. Josef-Krankenhaus Neunkirchen verpflichtet ist.
Der Schulleiter untersteht der Geschäftsführerin der Verbundkrankenpflegeschule, Christa Garvert, und ist somit fachlich und disziplinarisch Vorgesetzter der Lehrer.
Beim Bewerberauswahlverfahren wurde ein Modus gefunden, die angegliederten Krankenhäuser angemessen zu beteiligen, um schon im Vorfeld Rahmenbedingungen für eine Theorie-Praxis-Vernetzung und Akzeptanz der neuen Lehrkraft zu schaffen.

Geltungsbereich

- Geschäftsführerin,
- Schulleiter,
- Pflegedirektorin St. Josef-Krankenhaus Neunkirchen,
- Pflegedirektor Marienkrankenhaus St. Wendel.

Vorgehensweise

- Interne und eventuell externe Ausschreibung für eine Lehrerstelle für Pflegeberufe nach Absprache der Schulleitung mit dem Geschäftsführer der Krankenhäuser.
- Spätestens drei Tage nach Erhalt der Unterlagen: Bestätigung der eingegangenen Bewerbungsunterlagen mit dem Verweis einer möglichen Einladung zu einem Bewerbungsgespräch oder direkte Absage.
- Sichtung aller eingegangenen Bewerbungsunterlagen durch:
  - Schulleiter,
  - Pflegedirektorin St. Josef-Krankenhaus Neunkirchen,
  - Pflegedirektor Marienkrankenhaus St. Wendel.
- Auswahl geeigneter Bewerber zu einem Auswahlgespräch.
- Spätestens zehn Tage nach Erhalt der Bewerbungsunterlagen: Durchführung des Bewerberauswahlgespräches mit folgenden Teilnehmern:
  - Schulleiter,
  - Pflegedirektorin St. Josef-Krankenhaus Neunkirchen,
  - Pflegedirektor Marienkrankenhaus St. Wendel.
- Einstimmige Auswahl des zukünftigen Lehrers für Pflegeberufe.
- Inhaltsprotokoll und Begründung der Entscheidung für diese Bewerber verfassen.

- Das Protokoll mit den Unterschriften (Schulleiter, Pflegedirektoren) mit den Bewerbungsunterlagen an die Geschäftsführerin der Verbundkrankenpflegeschule senden.
- Spätestens fünf Tage nach Eingang der Unterlagen: Rückmeldung von Geschäftsführerin.
- Spätestens 14 Tage nach Bewerbungsgespräch: Mitteilung des Ergebnisses der Entscheidung (Zusage/Absage).

Unterlagen
- Gesetz über die Berufe in der Krankenpflege (Krankenpflegegesetz – KrPflG) vom 4. Juni 1985; hier § 5 Abs. 2 Nr. 4a und 4b KrPflG.

Verfahrensanweisung:
Zusammenarbeit mit Mentoren

Krankenhaus Hetzelstift Neustadt/Weinstraße – Krankenpflegeschule

Ziele der Zusammenarbeit mit Mentoren, Pflegedirektion, IBF

- Gewährleistung des Austausches/der Zusammenarbeit aller an der praktischen Ausbildung Beteiligten:
  - Praktische Einsatzplanung,
  - Lehr-/Lernziele,
  - Pflegeplanungsaufträge,
  - Projekte laut Praxiscurriculum,
  - Problemfelder,
  - Feed-back zu den Lernfortschritten.
- Sicherstellung der Teilnahme an den praktischen Examensprüfungen.

Geltungsbereich

Die Verfahrensanweisung umfasst:
- Schulleitung, Schulteam,
- Pflegedirektion,
- Mentoren,
- Schüler.

Unterlagen

- Standard praktische Ausbildung (siehe Anlage 1)
- Kriterienbogen Standortbestimmung (siehe Anlage 2),
- Praxiscurriculum „Pflegen können",
- Pflegeplanungsaufträge,
- Beurteilungsbögen,
- Ausbildungsnachweise,
- Anforderungsprofil praktische Prüfung (siehe Anlage 3),
- Einsatzpläne,
- Ausbildungs- und Prüfungsordnung.

Grundlagen der Zusammenarbeit mit Mentoren

Grundlage der Zusammenarbeit mit den an der praktischen Ausbildung Beteiligten sind das derzeit geltende Krankenpflegegesetz und die Vorgaben der Ausbildungs- und Prüfungsverordnung.

Dokumentation

Instrument	Teilnehmer	Inhalt	Zeitraum	Verantwortliche der Schule
Qualitätsmanagement	Schulleitung/ Pflegedirektor	Rahmenbedingungen für die praktische Ausbildung	Monatlich nach Absprache	Schulleitung
Mentorenkreis	Schule/IBF/Ein Mentor pro Station	• Weitergabe von Informationen • Aktuelle Probleme der praktischen Ausbildung	Jeden zweiten Dienstag im Monat	Benannter Lehrer
Dozententätigkeit in der Weiterbildung zum Mentor	Lehrer des Schulteams	Vorstellung des Praxiscurriculums	Termin nach Absprache	Benannter Lehrer
Arbeitsgruppen • AG Beurteilungsbögen • AG Praxiscurriculum	Schule/Schüler/ Mentoren/IBF • Ein Lehrer/IBF/ Ein Mentor pro Fachabteilung, Schülervertreter • Ein Lehrer/IBF/ Ein Mentor pro Fachabteilung, Schülervertreter	Aktuelle Themen nach Bedarf • Neugestaltung der Beurteilungsbögen • Umgestaltung der Ausarbeitungsunterlagen für die Praxisprojekte	Monatlich oder nach Vereinbarung • Jeden dritten Dienstag im Monat • Monatlich	Benannter Lehrer • Benannter Lehrer • Benannter Lehrer
Informationsveranstaltung zur praktischen Examensprüfung	Schulleitung/ Mentoren	Prozedere der praktischen Examensprüfung Beurteilungskriterien	Jährlich Mai/ Juni	Schulleitung
Praktische Prüfungen (Zwischenprüfung, Examen)	Lehrer des Schulteams/ Mentor der Station	Prüfung Beurteilung Reflexion	Februar-Juni Juli/August	1. Fachprüfer
Auswertungsrunde zum Schnuppereinsatz im Einführungsblock	Schüler/Mentoren/Klassenlehrer/Schulteam	Verlauf des Schnuppereinsatzes	Letzte Woche des Einführungsblocks	Klassenlehrer

Verbesserungsvorschläge: Zusammenarbeit mit Mentoren, Pflegedirektion, IBF

Verbesserungs-vorschlag	Durch wen?	Wann gemacht?	z. Kenntnis genommen v. Schulleitung am	Anmerkung

Anlage 1:
Standard: Praktische Ausbildung in der Krankenpflege

Voraussetzungen zu den Standards:

- Jede Station benennt Bezugspersonen für die Schüler.
- Der Dienstplan der Bezugsperson stimmt zu 30 Prozent mit dem Dienstplan der Schüler überein.
- Der Schüler meldet sich vier Wochen vor Einsatzbeginn persönlich oder telefonisch zu Termin- und Dienstplanabsprachen auf der Station.
- Aufgrund der Dienstplanübereinstimmung wird die Bezugsperson durch die Stationsleitung für Organisation benannt.
- Im Einzelfall ist ein Wechsel der Bezugspersonen möglich.
- Die Bezugsperson ist eine Krankenschwester/ein Krankenpfleger.
- Die Schüler werden nach dem Ausbildungsnachweisheft angeleitet.

→ Die Verantwortung bezüglich der Projektdurchführung liegt beim Mentor und bei den Schülern.
→ Der Mentor ist verpflichtet, im Falle einer Verhinderung die Projektdurchführung durch eine Ersatzperson sicherzustellen.
→ Die Schüler sind verpflichtet, sich im Falle einer Verhinderung um einen Ersatztermin zu bemühen.
→ Bei nicht erfolgter Durchführung eines geplanten Projektes sind die Schulleitung und die Pflegedienstleitung zu informieren.

Stand: 23.09.2003

Standards

1. Vorgespräch
2. Einführungsgespräch
3. Zwischengespräch
4. Abschlussgespräch
5. Standortbestimmung

1. Standard: Vorgespräch

- Zeitpunkt
  – In der Woche vor Einsatzbeginn, jeweils dienstags um 12:15 Uhr.
- Ziele/Inhalte
  – Räumliche Orientierung:
    ‣ Räumlichkeiten der Station,
    ‣ Standort: informierende Hilfen (Hygieneplan, Standards).
  – Zeitliche Orientierung:
    ‣ Dienstplan (AZV, Urlaub).
  – Persönliche Orientierung:
    ‣ Team,
    ‣ Benennung der Bezugsperson.
  – Fachliche Orientierung:
    ‣ Lernangebot an die Schüler aushändigen.
- Teilnehmer

- Schüler (ggfs. Schülergruppe), Mitarbeiter der Station.
- Dauer
  - Maximal 15 Minuten.
- Nachbereitung
  - Vorbereitung des Einführungsgespräches hinsichtlich Lernangebot und Lernziele durch den Schüler.

2. Standard: Einführungsgespräch

- Zeitpunkt
  - Innerhalb der ersten Woche des Einsatzes nach Terminabsprache
- Ziele/Inhalte
  - Zeitliche Orientierung:
    - Stationsablauf,
    - Dienstplan (Minusstunden/Überstunden, aktueller Stand),
    - zeitliche Festlegung von Lernschritten,
    - Festlegung: Termin der Durchführung eines Projektes analog Praxiscurriculum,
    - Termin für das Zwischengespräch (zur Hälfte der Einsatzzeit), das Abschlussgespräch (innerhalb der letzten Einsatzwoche).
  - Fachliche Abstimmung:
    - Lernstand,
    - Lernangebote der Station,
    - Lernziele,
    - Lernplan/Auswahl eines Projektvorschlags,
    - Pflegesystem.
  - Persönliche Orientierung: gegenseitige Erwartungen in Bezug auf:
    - Umgang mit Kritik,
    - Loyalität,
    - Ehrlichkeit,
    - Umgang mit Problemen,
    - Stationsregeln,
    - Darstellung nach innen und nach außen,
    - Umgang mit Fehlern.
- Teilnehmer
  - Schüler, Bezugsperson.
- Dauer
  - Maximal 30 Minuten.
- Materialien
  - Ausbildungsnachweisheft (aktueller Stand),
  - Beurteilungsbogen (ausgefüllt),
  - Lernangebot der Station,
  - Stationsleitfaden,
  - Dienstplan,
  - Schülerhandbuch bzw. Ordner Praxiscurriculum.
- Ort
  - Ruhiger Raum, den Stationsgegebenheiten entsprechend.
- Nachbereitung
  - Schüler arbeitet die vereinbarten Lernziele/Lernschritte innerhalb einer Woche schriftlich aus und hängt diese im Stationszimmer auf.

3. Standard: Zwischengespräch

- Zeitpunkt
  - Zur Hälfte der Einsatzzeit,
  - in vierwöchigen Einsätzen und in sechswöchigen Einsätzen mit Nachtwache findet kein Zwischengespräch statt.
- Ziele/Inhalte
  - Fachliche Orientierung:
    - Gegenseitige Überprüfung der Lernzielerreichung,
    - Überprüfung der Kenntnis des Lernangebotes,
    - Überprüfung der Kenntnis des Pflegesystems,
    - Aktualisierung des Lernplanes,
    - Aufzeigen von Entwicklungsmöglichkeiten.
  - Persönliche Orientierung:
    - Gegenseitige Überprüfung der Zielerreichung.
- Teilnehmer
  - Schüler, Bezugsperson und ggfs. Stationsleitung Qualitätssicherung.
- Dauer
  - Maximal 30 Minuten.
- Materialien
  - Beurteilungsbogen,
  - Ausbildungsnachweisheft (aktueller Stand),
  - Lernangebot der Station,
  - Vereinbarte Lernziele/Lernschritte.
- Ort
  - Ruhiger Raum, den Gegebenheiten der Station entsprechend.

4. Standard: Abschlussgespräch

- Zeitpunkt
  - Bei einer Einsatzdauer von mindestens sechs Wochen in den letzten beiden Einsatzwochen,
  - sonst innerhalb der letzten Einsatzwoche.
- Ziele/Inhalte
  - Fachliche Orientierung:
    - Gegenseitige Überprüfung der Lernzielerreichung,
    - Aufzeigen von noch offenen Lernzielen.
  - Persönliche Orientierung:
    - Gegenseitige Überprüfung der Zielerreichung.
- Teilnehmer
  - Schüler, Bezugsperson, Stationsleitung Qualitätssicherung.
- Dauer
  - Maximal 30 Minuten.
- Materialien
  - Ausbildungsnachweisheft (aktueller Stand),
  - Beurteilungsbogen,
  - Lernziele/Lernschritte.
- Ort
  - Ruhiger Raum, den Gegebenheiten der Station entsprechend.
- Nachbereitung
  - Der besprochene Lernzielplan des Schülers wird an den Beurteilungsbogen geheftet.

5. Standard: Standortbestimmung

- Zeitpunkt
  - Innerhalb der ersten beiden Wochen des Einsatzes.
  - In der Probezeit erfolgt eine erste Standortbestimmung nach fünf Wochen, eine zweite Standortbestimung nach 16 Wochen.
- Ziele/Inhalte
  - Festlegung des Patienten/der Patientengruppe am Tag vor der Standortbestimmung,
  - Schüler informiert sich über den Patienten/die Patientengruppe,
  - Vorstellung des Patienten/der Patientengruppe gegenüber der Bezugsperson am Tag der Standortbestimmung analog zum Pflegeprozess,
  - Ermittlung des Lernstandes des Schülers anhand festgelegter Kriterien,
  - Ermittlung des Lernstandes erfolgt durch eine nicht-teilnehmende Beobachtung (Einbezug nach Absprache möglich),
  - Nachgespräch anhand des Kriterienbogens.
- Teilnehmer
  - Schüler, Bezugsperson oder Stationsleitung für Qualitätssicherung.
- Dauer
  - Mindestens eine Stunde.
- Materialien
  - Kriterienbogen.

Anlage 2:
Kriterienbogen zur Ermittlung des Lernstandes

Name: _____ /Kurs: _____

Station: _____ /Datum: _____

Bezugsperson: _____

	Einschätzung
Kriterien	1 2 3 4 5 6

1. **Patientenvorstellung**
   - Analog zum Pflegeprozess
   - Inhalte patientenbezogen/pflegerelevant
   - Fachlich richtig/vollständig
   - Realistisch/überprüfbar
2. **Vorbereiten der Aufgaben**
   - Vollständig
3. **Organisation/Koordination/Zeitplan**
   - Geplant/strukturiert
   - Flexibel
4. **Nachbereiten der Aufgaben**
   - Ordnung und Sicherheit hergestellt
   - Sachgerechte Entsorgung von Material
   - Patientenorientierung gewährleistet
5. **Durchführung allgemeine Pflege**
   - Sachrichtig
   - Standardgemäß
   - Patientenorientiert
6. **Durchführung spezielle Pflege**
   - Sachrichtig
   - Standardgemäß
   - Patientenorientiert
7. **Kommunikation mit Patient**
   - Umgangston angemessen
   - Information für Patient verständlich/richtig/ausreichend
8. **Erkennen und Umsetzen von Veränderungen**
   - Krankenbeobachtung angewendet
   - Sachgerechte Konsequenzen abgeleitet
9. **Beachten der Hygiene**
   - Händedesinfektion sachrichtig
   - Kontamination vermieden
   - Kenntnisse über Desinfektionsmittel und deren Anwendung vorhanden
10. **Umgang mit technischen Geräten/Wirtschaftlichkeit**
    - Sachgerechte Gerätehandhabung
    - Fachgerechter Einsatz von Pflegemitteln
    - Wirtschaftlicher Materialverbrauch
11. **Einbeziehen einer zweiten Person in die Arbeit**
    - Information konkret/sachrichtig
    - Einbezug sinnvoll
12. **Berichterstattung/Dokumentation**
    - Mündliche Übergabe prägnant/vollständig
    - Dokumentation prägnant/vollständig

Bemerkungen zu 1.–12.:

_____
_____
_____

Datum: _____ /Unterschrift: _____

Anlage 3:
Anforderungsprofil: Praktische Prüfung in der Krankenpflege

Auswahl der Patientengruppe

1. Die Fachprüfer wählen die zu versorgende Patientengruppe in Zusammenarbeit mit der Stationsleitung gemäß § 14 KrpflAPrV nach folgenden Kriterien aus:
    - bei einer Zweiergruppe: A2/S3 (Planungspatient) und A2/S2,
    - bei einer Dreiergruppe: A2/S3 (Planungspatient), A2/S2 und A1/S1.

    Sollte ein A3/S3 Patient ausgewählt werden, muss die Anforderung an die Pflegeintensität des zweiten Patienten reduziert werden.
2. Es wird eine Anleitungssituation festgelegt.
3. Die Patienten werden informiert und um Einwilligung gebeten.

Verlauf der Prüfung

Erster Prüfungstag: Anamnese und Planung

8:00 Uhr: Beginn der praktischen Prüfung/1. Teil

- Bekanntgabe der Patientengruppe durch ein Mitglied des Prüfungskomitees (Fachprüfer),
- Überreichen der Planungsunterlagen an den Prüfling,
- Für alle ausgewählten Patienten wird eine Anamnese einschließlich der Einschätzung der Decubitus- und Pneumoniegefährdung durch den Prüfling erstellt. Der Prüfling ist an diesem Tag für die Prüfung freigestellt.

11:00-14:00 Uhr:

- Erstellen der Pflegeplanung: Für einen festgelegten Patienten der Gruppe wird eine schriftliche Pflegeplanung ausgearbeitet.
- Erstellen einer Ablaufplanung: Der organisatorische Verlauf der Zimmerpflege wird in Form einer Ablaufplanung dokumentiert.

Zweiter Prüfungstag: Durchführung der Pflege und Bewertung

8:15 Uhr: Beginn der praktischen Prüfung/2. Teil

- Kurze Vorstellung der Patientengruppe; Übergabe von der Nacht,
- komplette pflegerische Versorgung der Patientengruppe,
- Integration von mindestens zwei speziellen Pflegemaßnahmen in das Prüfungsgeschehen,
- Integration einer vorher ausgewählten Anleitesituation in das Prüfungsgeschehen, wobei der Prüfling die Pflegehandlung erklärt und demonstriert,

- Dokumentation der Pflegemaßnahmen und Überprüfen der Pflegewirkung im Pflegebericht,
- ausführliche Berichterstattung an die für die Patientengruppe zuständige Pflegeperson, inklusive einer Erläuterung der verabreichten Medikamente,
- Reflexion des Prüfungsverlaufes durch den Prüfling.

Abschluss:

- Reflexion des Prüfungsverlaufes anhand der Unterlagen und Notenfindung durch die Fachprüfer.

Neustadt, den 23.09.2003

Schulleitung   Klassenlehrerin

Verfahrensanweisung: Anmeldewesen für Fort- und Weiterbildung im BIKH

Bildungszentrum Krankenhaus Hetzelstift

Ziel

Verbindliche Regelung des Anmeldewesens für Fort- und Weiterbildung im BIKH.

Geltungsbereich

Der Geltungsbereich „Verfahrensanweisung Anmeldewesen für Fort- und Weiterbildung im BIKH" umfasst alle Mitarbeiter des Krankenhaus Hetzelstift:
- Pflegepersonal,
- ärztliches Personal,
- Verwaltung,
- Wirtschaftsversorgung.

Begriffe

- Anmeldebogen für Mitarbeiter des Krankenhauses,
- Antrag auf Kostenübernahme,
- Anmeldebestätigung für die Mitarbeiter des Krankenhauses,
- Teilnehmerliste,
- Teilnahmebescheinigung für die Mitarbeiter,
- Regelung für interne und externe Fortbildungen (kostenfrei/kostenpflichtig),
- Richtlinien zur Regelung der Fort- und Weiterbildungen und der Kosten für die Mitarbeiter im Krankenhaus Hetzelstift (RFB).

Vorgehensweise

Der Mitarbeiter füllt das Anmeldeformular im Anhang des BIKH-Kataloges (Kopiervorlage) für die Fort- und Weiterbildung aus und unterschreibt dieses. Handelt es sich um eine kostenpflichtige Fortbildung (siehe RFB), füllt er zusätzlich den Antrag auf Kostenübernahme im Anhang des BIKH-Kataloges (Kopiervorlage) aus.

↓

Das Formular wird dem unmittelbaren Vorgesetzten (z.B. Stationsleitung, Abteilungsleitung oder Pflegedienstleitung) zur Genehmigung vorgelegt.

↓

Das von beiden unterschriebene Formular wird an das zuständige Direktoriumsmitglied weitergeleitet (Unterschrift innerhalb eines Tages bzw. Delegation an Vertretung). Ankreuzen, ob Genehmigung von MAV erforderlich ist.

↓

Sekretariat BIKH (Überprüfung, ob alle erforderlichen Unterschriften vorliegen. Falls nein, Rückgabe an Person, deren Unterschrift fehlt. Nach Rückgabe bleibt eine Kopie im BIKH, dann Entscheidung, ob:

- **Interne Fortbildung**
  - kostenpflichtig → Originale (Anmeldeformular und Antrag auf Kostenübernahme) gehen an Personalabteilung, Kopie geht an IBF
  - kostenfrei → Original geht an IBF

- **Externe Fortbildung (kostenpflichtig)** → Originale (Anmeldeformular und Antrag auf Kostenübernahme) gehen an Personalabteilung

Mitarbeiter und BIKH haben beiderseitige Informationspflicht zum Antrag auf Kostenübernahme

↓

Das Sekretariat BIKH stellt eine Anmeldebestätigung für den Mitarbeiter aus und leitet diese an den direkten Vorgesetzten weiter. Dieser informiert den Mitarbeiter.

Dokumentation

Die Teilnahme an Fortbildungen wird im BIKH pro Mitarbeiter dokumentiert.

Bezeichnung	Zuständig für Erstellung	Zuständig für Archivierung	Ablage	Dauer	Zugriffsberechtigung
Teilnahme an Fortbildung	Sekretariat BIKH	Sekretariat BIKH	BIKH Personalakte	3 Jahre Beschäftigungsdauer	BIKH Direktorium Personalabteilung MAV auf Antrag

Unterlagen und Anlagen

Formblätter

Formblatt 16: Anmeldebogen für Mitarbeiter des Krankenhauses,
Formblatt 17: Antrag auf Kostenübernahme,
Formblatt 18: Anmeldebestätigung für die Mitarbeiter,
Formblatt 19: Teilnehmerliste,
Formblatt 20: Teilnahmebescheinigung für die Mitarbeiter.

Anlagen

- Regelung für interne und externe Fortbildungen (kostenfrei/kostenpflichtig),
- Richtlinien zur Regelung der Fort- und Weiterbildungen und der Kosten für die Mitarbeiterinnen und Mitarbeiter im Krankenhaus Hetzelstift (RFB),
- interner Ablauf.

Anlage:
Regelung für interne und externe Fort- und Weiterbildung (kostenfrei/kostenpflichtig)

1. Interne Fortbildungen

Es wird unterschieden zwischen Zielgruppe und Interessengruppe. Dies geht aus dem BIKH-Katalog eindeutig hervor. Für die Zielgruppe wird die Fortbildung grundsätzlich als Arbeitszeit angerechnet, wobei zwischen Pflicht-, Wahlpflicht und Wahlfortbildung unterschieden wird. Die Teilnahme der interessierten Mitarbeiter gilt nicht als Arbeitszeit.

Pflichtfortbildungen

Ist eine Fortbildung als Pflichtfortbildung für einen bestimmten Personenkreis ausgeschrieben, so haben diese Mitarbeiter die Pflicht, an diesem Seminar teilzunehmen. Kann ein Mitarbeiter an einer solchen Pflichtveranstaltung nicht teilnehmen, so ist dies umgehend den Abteilungsleitungen mitzuteilen. Für ganztägige Workshops und Seminare wird ein Tag Sonderurlaub berechnet.

Wahlpflichtfortbildungen

Für Wahlpflichtfortbildungen stehen Mitarbeitern mit einem Beschäftigungsanteil von über 50 Prozent insgesamt 6 Stunden pro Kalenderjahr zur Verfügung, wobei die Mitarbeiter selbst bestimmen können, welche Wahlpflichtfortbildungen für sie von Interesse und Wichtigkeit sind.

Wahlfortbildungen

Die Teilnahme an diesen Veranstaltungen zählt nicht als Arbeitszeit.

2. Externe Fortbildungen

Betriebsbedingte Kurse: Dazu zählen Kurse, Tagungen, Kongresse, Messen (zur fachlichen, sozialen und persönlichen Kompetenz), die von Mitarbeitern der Marienhaus GmbH auf Weisung der Hausleitung besucht werden (z. B. Hygienebeauftragte, IBF-Beauftragte). Kostenübernahme gemäß hausinterner Vereinbarung. Der Fort- und Weiterbildungsurlaub von 5 bzw. 5,5 Tagen wird bei Fort- und Weiterbildungen mit eingerechnet (wer regelmäßig 5,5 Arbeitstage in der Woche arbeitet, erhält 5,5 Tage Dienstbefreiung). Dies gilt nicht bei Tagungen, Messen und Kongressen, die als Beauftragter des Krankenhauses Hetzelstift besucht werden (wird als Arbeitszeit abgerechnet).
Weiterhin gibt es Fort- und Weiterbildungsangebote (Messen, Tagungen, Kongresse, Seminare, Kurse), die berufsdienlich, aber nicht unbedingt für den Betrieb notwendig sind. Hier besteht, nach Absprache mit der Hausleitung, die Teilnahmemöglichkeit. Kostenübernahme gemäß hausinterner Vereinbarung.
Nicht übernommen werden: Fahrtkosten, Verpflegung und Übernachtung und eine externe Fortbildung, wenn sie durch ein internes Fortbildungsangebot abgedeckt werden kann. Jedem Mitarbeiter stehen hierfür 5 bzw. 5,5 Tage Fort- und Weiterbildungsurlaub zur Verfügung.

Hinweis

Gehen diese Fort- und Weiterbildungsangebote über einen längeren Zeitraum (also mehr als 5 bzw. 6 Tage pro Jahr), können diese nur in Absprache mit der Hausleitung besucht werden. Außerdem muss dann in einer jeweiligen Regelung zwischen Mitarbeiter und Hausleitung geklärt sein, wie die Fehlzeit des Mitarbeiters angerechnet wird (z. B. Verpflichtung nach AVR, Beurlaubung).

Anlage:
Richtlinien zur Regelung der Fort- und Weiterbildungen und der Kosten für die Mitarbeiterinnen und Mitarbeiter im Krankenhaus Hetzelstift (RFB)

Fachweiterbildung Intensivpflege

Möglichkeit 1

Für die Dauer der Maßnahme (= 24 Monate) wird monatlich ein Betrag von 38,34 Euro als laufende Kosten vom Gehalt abgezogen und auf ein Konto unseres Hauses gebucht. Diese Einzahlungen summieren sich auf das maximale von 920 Euro. Dieser Höchstbetrag gilt auch für Mitarbeiter, die eine Ausbildung über drei Jahre absolvieren. Beendet der Mitarbeiter die Weiterbildung vorzeitig, verbleibt das Geld auf diesem Konto (Ausnahme: Schwangerschaft, Erwerbs-/Berufsunfähigkeit und ärztlich attestierte Krankheiten, die einen Weiterbesuch der Fachweiterbildung unmöglich machen). Die Mitarbeiter, die nach erfolgreichem Abschluss in unserem Haus bleiben, erhalten für die Dauer von 18 Monaten monatlich den Betrag von 51,13 Euro als Zulage vom Haus zurückerstattet. Verlassen sie unser Haus vor Ablauf der 18 Monate, verbleibt der Rest des bisher noch nicht ausbezahlten Geldes auf dem Konto des Hauses. Diese Vereinbarung muss für jeden Mitarbeiter schriftlich erfolgen und geht in die Personalakte.

Möglichkeit 2

Die Mitarbeiter verpflichten sich schriftlich vor dem Beginn der Maßnahme, den Dienstgeber für die Dauer von 36 Monaten, beginnend ab dem Monat nach dem erfolgreichen Abschluss, nicht zu wechseln. In diesem Fall werden keine monatlichen Kosten einbehalten. Sollte der Mitarbeiter den Dienstgeber vor Ablauf der vereinbarten 36 Monate verlassen, so werden für jeden Monat, den er frühzeitig geht, der Betrag von 25,56 Euro vom Gehalt einbehalten.
Bricht der Mitarbeiter die Weiterbildung vorzeitig ab, wird ihm für jeden Monat, den er an der Weiterbildung teilgenommen hat, der Betrag von 38 Euro vom Gehalt einbehalten (Ausnahme: Schwangerschaft, Erwerbs-/Berufsunfähigkeit und ärztlich attestierte Krankheiten, die einen Weiterbesuch der Fachweiterbildung unmöglich machen). In diesem Fall besteht keine weitere Verpflichtung.

Allgemein

Für die Fachweiterbildung werden pro Jahr fünf Tage Bildungsurlaub und drei Tage Dienstbefreiung aus besonderem Anlass angerechnet. Die restlichen theoretischen Unterrichtseinheiten finden in der Freizeit statt. Möchte ein Mitarbeiter während der Fachweiterbildung an anderen externen Fortbildungen teilnehmen, wird über die Freistellung nach Einzelfallprüfung durch den Pflegedirektor entschieden.

Stations-, Abteilungsleitungskurse etc., die mit einer Beförderung verbunden sind

Hier gilt die Rückzahlungspflicht nach den AVR wie bisher. Die Rückzahlungspflicht besteht für die Weiterbildungskosten. Hierzu verweisen wir auf die Regelung in § 10a AT AVR und das Urteil des BAG vom 06.11.1996 - 5AZR 498/95.

Besondere Fort- und Weiterbildungen, die das Haus für seine Mitarbeiter anbietet bzw. die der Mitarbeiter besucht (z. B. Bobath, Refresher-Kurse, Kinästhetik)

Diese Maßnahmen können sowohl intern über die IBF als auch extern stattfinden. Folgende Regelung wird getroffen:

Möglichkeit 1

Beide Parteien (Mitarbeiter und Haus) beteiligen sich an den Kosten, in der Regel jeder 50 Prozent. Beispiel: Bobath-Kurs kostet 485 Euro pro Mitarbeiter: 242,50 Euro zahlt der Mitarbeiter, 242,50 Euro zahlt das Haus. Bei interner Fortbildung werden diese 242,50 Euro vom Gehalt abgezogen. Bei externen Fortbildungen erstattet der Mitarbeiter den Gesamtbetrag an die Fortbildungsstätte und bekommt die Hälfte vom Haus erstattet). Nach erfolgreichem Abschluss der Maßnahme gilt hier eine ähnliche Regelung wie bei der Fachweiterbildung Intensivpflege. Wenn die Mitarbeiter noch 18 Monate nach Abschluss der Maßnahme bei uns beschäftigt sind, bekommen Sie zu diesem Zeitpunkt 80 Prozent ihrer Eigenbeteiligung von uns zurückerstattet. Dies wäre am Beispiel von 485 Euro (242,50 Euro Haus/242,50 Euro selbst). Von den 242,50 Euro Eigenbeteiligung werden 80 Prozent (= 194 Euro) zurückerstattet, sodass im Endeffekt 90 Prozent der Kosten vom Haus getragen werden.

Möglichkeit 2:

Die Mitarbeiter verpflichten sich schriftlich vor dem Beginn der Maßnahme, den Dienstgeber für die Dauer von 36 Monaten, beginnend ab dem Monat nach dem erfolgreichen Abschluss, nicht zu wechseln. In diesem Fall muss der Mitarbeiter sich nicht an den Kosten beteiligen. Sollte der Mitarbeiter den Dienstgeber vor Ablauf der vereinbarten 36 Monate verlassen, so werden für jeden Monat, den er frühzeitig geht, ein Anteil von 1/36 der Fortbildungskosten vom Gehalt einbehalten.
Der Jahresbildungsurlaub wird bei beiden Möglichkeiten angerechnet. Wenn der Jahresanspruch ausgeschöpft ist, wird die Freistellung nach Einzelfallprüfung entschieden (allgemeine Dienstbefreiung möglich bis zu drei Tagen aus besonderem Anlass).

Diese Regelungen gelten für alle Fort- und Weiterbildungsmaßnahmen, die nach dem 01.04.2001 beginnen.
Diese Bedingungen müssen bei Ausschreibungen oder vor der Anmeldung zu der Fort- oder Weiterbildungsmaßnahme den Mitarbeitern bekannt sein. Ebenso muss jeder Mitarbeiter vorher über eine eventuelle finanzielle Verpflichtung informiert sein. Die Regelung kann vom Direktorium oder der Mitarbeitervertretung mit einer Frist von drei Monaten zum Jahresende gekündigt werden.
Der Vorteil für die Mitarbeiter an dieser Regelung ist, dass sie die Kosten als Werbungskosten steuerlich absetzen können. Der Vorteil für das Haus besteht darin, dass eine Bindung der Mitarbeiter an das Haus gefördert wird und damit eine Qualitätssteigerung und eine Begrenzung der Fluktuation erreicht werden soll.

Anlage:
Interner Ablauf BIKH

Das Sekretariat BIKH stellt eine Anmeldebestätigung für den Mitarbeiter aus und leitet diese an den direkten Vorgesetzten weiter. Dieser informiert den Mitarbeiter.

↓

Das Sekretariat BIKH erstellt eine Liste der angemeldeten Teilnehmer, eine Teilnahmebescheinigung für jeden Teilnehmer pro Veranstaltung und leitet diese an die IBF weiter.

↓

Die IBF händigt die Liste der angemeldeten Teilnehmer und die Teilnahmebescheinigungen dem Dozenten am Tag der Veranstaltung aus.

↓

Der Dozent teilt die Teilnahmebescheinigungen an die anwesenden Teilnehmer aus. Nachdem die Teilnehmer die Liste unterschrieben haben, leitet der Dozent sie nach Ende der Veranstaltung an die IBF weiter.

↓

Archivierung im Sekretariat BIKH.

↓

Die IBF leitet die Teilnehmerliste nach Einsicht an das Sekretariat BiKH weiter.

Verfahrensanweisung:
Fördergespräche mit den Auszubildenden

St. Elisabeth Kinder- und Krankenpflegeschule Wadgassen

Ziele der Fördergespräche
- Rückmeldung über die erfolgreiche Teilnahme an den Ausbildungsveranstaltungen (§ 1 Abs. 5 KrPflAPrV).
- Den Schülern müssen die erreichten Leistungen bekannt sein („... in Form eines Zeugnisses ..."; Nr. 7 der Richtlinien des Ministeriums für Frauen, Arbeit, Gesundheit und Soziales zur Durchführung der Ausbildung und Prüfung in den Berufen der Kranken- und Kinderkrankenpflege vom 25.09.1995). Da ein Zeugnis allein keine konkrete Lernunterstützung darstellt, ist ein Fördergespräch, in dem Details zur erbrachten Leistung dem Schüler mitgeteilt werden, eine pädagogische Hilfestellung zur eigenen Lernstandsbestimmung.
- Eigenreflexion stellt ein wichtiges Hilfsmittel zur Persönlichkeitsentwicklung und Kompetenzförderung dar. Dies ist in einem Fördergespräch, in dem zur Eigenreflexion die Fremdreflexion anhand von Verhaltensbeobachtungen und Leistungsbeurteilungen hinzukommt, situativ und individuell am ehesten leistbar.
- Das Leitbild der St. Elisabeth-Stiftung unterstreicht zusätzlich das regelmäßige Besprechen und die Verpflichtung, bei Problemen an Lösungsmöglichkeiten mitzuarbeiten (siehe unser Leitbild „IV. Menschen, die mit uns arbeiten", unter Nr. 4 und 5 „... die Fähigkeiten und Talente unserer Mitarbeiter/innen sind Quelle unseres Erfolges").

Geltungsbereich
- Schulleitung,
- hauptamtliches Lehrpersonal,
- Praxisanleiter,
- Schüler.

Begriffe

Lernberatung
Fördergespräch mit jedem einzelnen Schüler, an dem eine Lehrperson und der zuständige Praxisanleiter teilnimmt. Fördergespräche finden in bestimmten Blöcken regelmäßig statt.

Fördergespräch
Die Lernberatung wird als Fördergespräch verstanden, da es nicht um sanktionierende oder disziplinierende Maßnahmen geht.

Lehrer-Praxisanleiter-Meeting (LPM)
Regelmäßiger Arbeitskreis, um ausbildungsrelevante Inhalte mit den Praxisanleitern und dem Schulteam abzuklären.

Evaluation

Verantwortlich für die Evaluation ist die Schulleitung. In die Evaluation sind alle beteiligten Mitarbeiter und die Schüler einzubeziehen.

Dokumentation

Die Blöcke, in denen die Lerngespräche durchzuführen sind, sind von der Schulleitung festgelegt. Die Terminierung im Stundenplan des jeweiligen Blocks wird von dem Kursverantwortlichen vorgenommen und mit den Beteiligten terminiert (im Schulteam und mit den Praxisanleitern der Einrichtungen). Der Kursverantwortliche erstellt einen Ablaufplan für alle Beteiligten (Lehrer, Praxisanleiter und Schüler) und verteilt diesen rechtzeitig, spätestens eine Woche vor der Lernberatung. Der Inhalt des Fördergesprächs und die Rückschlüsse, die der Schüler für sein zukünftiges Handeln zieht, werden von jedem Schüler auf einem Formblatt schriftlich niedergelegt. Der Schüler erhält von dem Formblatt eine Kopie. Das Formblatt (Original) wird in den jeweiligen Schülerordnern abgeheftet.

Vorgehensweise

- Lernberatung.
- Lerngespräche werden im Schulteam anhand des Stundenplan des jeweiligen Blocks terminiert.
- Terminabsprache mit den Praxisanleitern er folgt im LPM oder kurzfristig telefonisch.
- Gespräch ist zeitlich begrenzt (in der Regel 15–20 Minuten).
- Schüler ist über die Lernberatung vorinformiert (Einführungsblock durch die Schulleitung).
- Sekretärin hat Notenlisten über die Schüler ausgedruckt und für die Lehrpersonen und Praxisanleiter kopiert.
- Praxisanleiter haben sich anhand der Beurteilungen und Anleitungsprotokolle sowie der Dokumentation des klinischen Unterrichtes vorbereitet.
- Lehrpersonal hat sich in einer Teamsitzung mit den Beobachtungen und Leistungserfassungen der Schüler befasst, abgesprochen und festgelegt, was in jedem Fall anzusprechen ist.
- Kursleiter bereitet die Lernberatung inhaltlich für eine Teambesprechung vor.
- Leere Formblätter sind dem jeweiligen Schüler am Ende der Lernberatung auszuhändigen.
- Das ausgefüllte Formblatt ist vom Schüler bei der Sekretärin abzugeben. Das Original verbleibt im Schülerordner. Eine Kopie erhält der Schüler.
- Die nächste Lernberatung wird mit den vom Schüler formulierten Zielen im vorangegangenen Lerngespräch begonnen (Welche Ziele haben Sie sich gesetzt, was konnten Sie umsetzen, was nicht, warum nicht?), bevor mit den hinzugekommenen Beurteilungen und Leistungen fortgefahren wird (kontinuierliche Lernbegleitung).

Verfahrensanweisung: **Regelkommunikation**

St. Elisabeth Kinder- und Krankenpflegeschule Wadgassen

Ziel der Regelkommunikation

- Da die Ausbildung zur Krankenschwester/Kinderkrankenschwester aus theoretischem und praktischem Unterricht und einer praktischen Ausbildung besteht (§ 5 KrPflG), sind diese Inhalte mit den Verantwortlichen aufeinander abzustimmen.
- Die Ausbildung ist so durchzuführen, dass die Ziele lt. § 4 Abs. 1 Nr. 1–6 vermittelt werden. Insbesondere ist den Auszubildenden Gelegenheit zu geben, die im theoretischen und praktischen Unterricht erworbenen Kenntnisse zu vertiefen und zu lernen, sie bei der praktischen Arbeit anzuwenden (§ 1 Abs. 3 KrPflAPrV). Dazu ist die Vernetzung zwischen Theorie und Praxis so zu vereinbaren, dass das Vermitteln der Kenntnisse, Fähigkeiten und Fertigkeiten planmäßig unter pädagogischen Gesichtspunkten sowohl im theoretischen und praktischen Unterricht als auch in der praktischen Ausbildung berücksichtigt wird.
- Die Regelkommunikation dient der Umsetzung der Ausbildung lt. § 14 KrPflG („... planmäßig, zeitlich und sachlich gegliedert so durchzuführen, dass das Ausbildungsziel (§ 4) in der vorgesehenen Ausbildungszeit erreicht werden kann").
- Das Leitbild der St. Elisabeth-Stiftung unterstreicht zusätzlich das Informieren der Mitarbeiter, die Beteiligung an Entscheidungsprozessen sowie das Begleiten einzelner Mitarbeiter, z. B. durch Praxisanleitung (siehe Leitbild IV. Menschen, die mit uns arbeiten, 4.–6.).

Geltungsbereich

- Schulleitung,
- hauptamtliches Lehrpersonal,
- Pflegedirektor,
- Praxisanleitung,
- Stationsleitung,
- Mentoren,
- Pflegepersonal.

Begriffe

Theorie-Praxis-Meeting (TPM)

Arbeitsgespräch im jeweiligen Krankenhaus mit der Schulleitung, dem Pflegedirektor und den zuständigen Praxisanleitern über ausbildungsrelevante Themen.

Stationsleitungssitzung (STL)

Arbeitsgespräch im jeweiligen Krankenhaus mit den Pflegedienstleitern, der mittleren Führungsebene des Pflegedienstes und einem von der Einrichtung bestimmten Personenkreis.

Mentorentag

Treffen der Mentoren aus den mit der Pflegeschule kooperierenden Trägereinrichtungen.

Mentorenkreis

Treffen der Mentoren und Praxisanleiter einer Trägereinrichtung.

Lehrer-Praxisanleiter-Meeting (LPM)

Arbeitsgespräch des Schulteams und der Praxisanleiter der kooperierenden Trägereinrichtungen.

Bezugslehrersystem

Dem Lehrpersonal sind feste Stationen/Abteilungen des Pflegedienstes der jeweiligen kooperierenden Trägereinrichtungen zugeordnet.

Evaluation

Verantwortlich für die Evaluation ist die Schulleitung im Einvernehmen mit der Pflegedirektion. In die Evaluation sind alle beteiligten Mitarbeiter einzubeziehen.

Dokumentation

Die Arbeitstreffen und Gespräche werden über Protokolle schriftlich dokumentiert. Diese Protokolle werden an die Gesprächsbeteiligten verteilt.

Vorgehensweise

- Theorie-Praxis-Meeting
  - Treffen finden im vierwöchigen Abstand statt.
  - Termine werden in den Sitzungen mit den Beteiligten abgesprochen und festgelegt.
  - Gespräch ist zeitlich begrenzt (in der Regel 1,5 Stunden).
  - Praxisanleitung schreibt das Protokoll.
  - Protokoll wird in der Folgesitzung von den Beteiligten genehmigt.
  - Themen werden für Folgesitzungen festgelegt.
  - Dringliche Sachverhalte haben Priorität.
  - Protokolle gehen als Umlauf an die Lehrer.
  - Inhalte können alle die praktische Ausbildung betreffenden Themen sein.
  - Je nach Vertrauen zwischen den Beteiligten dienen die Treffen als Austausch von Visionen und Ideen, die schon häufig in modifizierter Form umgesetzt werden konnten.

- Stationsleitungssitzung
  - In zwei von drei Einrichtungen ist die Schulleitung seit Jahren festes Mitglied der STL (unterschiedliche Regelung; in einer Einrichtung Sitzungsteilnahme nur auf Anfrage).
  - Termine stehen für das laufende Jahr fest (in der Regel monatlich).
  - Zeitraum liegt bei ca. 1,5 Stunden.
  - Protokolle werden den Gesprächsteilnehmern zugesandt.
  - Gegenseitiger Austausch über ausbildungsrelevante Fragen findet auf Anfrage statt oder ist fester Punkt in der Sitzung (unterschiedliche Regelung).
  - Protokolle gehen als Umlauf an die Lehrer.
- Mentorentag
  - Einladungen gehen von der Schule aus (Sekretärin).
  - Termine legt die Schulleitung mit den Mentoren jeweils im Vorjahr fest (drei pro Jahr).
  - PD werden über Termine informiert.
  - PD legen den Kreis der entsendeten Mentoren fest (unterschiedliche Regelung je Einrichtung).
  - Dient der Information über alle Neuerungen, dem Austausch und der Standortbestimmung der Ausbildungen (Ergebnisse der praktischen und theoretischen Leistungen im Überblick), Stand der praktischen Begleitungen (klinischer Unterricht, praktisches Curriculum, Anleitungen, Praxisprojekte) usw.
  - Es findet jeweils eine Fortbildung zu einem von den Mentoren gewünschten Thema statt.
  - Themen in der Einladung legt die Schulleitung im Einvernehmen mit den Praxisanleitern, den Lehrpersonen und den Mentoren (über die Praxisanleiter) fest.
- Mentorenkreis
  - Treffen der Mentoren einer Einrichtung.
  - Praxisanleiter ist verantwortlich im Einvernehmen mit der PD.
  - Treffen dienen der Erarbeitung von ausbildungsrelevanten Konzepten, Formblättern und Inhalten von Strukturen.
  - Protokolle und Ergebnisse werden der Schulleitung zugeleitet.
  - Schulleitung gibt diese in Umlauf bei den Lehrern.
  - Auf Anfrage oder bei Bedarf ist die Schulleitung oder eine Lehrperson (themenabhängig) zugegen.
- Lehrer-Praxisanleiter-Meeting
  - Gespräch findet im vierwöchigen Abstand statt.
  - Austausch über die theoretischen Leistungen des aktuellen Lehrgangs (Vorbereitung durch den Kursverantwortlichen).
  - Austausch über praktische Leistungen bei aktuellen Leistungskontrollen (Praxisanleitungen, klinischer Unterricht) anhand einer Aufstellung der Praxisanleiter.
  - Absprechen und Planen der praktischen und theoretischen Ausbildung nach Bedarf (bei Veränderungen der Pläne, zu Projekten, zu Prüfungen, zu Fortbildungen und externen Veranstaltungen).
  - Ergebnisprotokolle gehen den Teilnehmern zu.
- Bezugslehrersystem
  - Dient dem direkten Kontakt zwischen den Stations-/Abteilungsmitarbeitern (Stationsteam) und einer Lehrperson der Schule.
  - Gegenseitiges Informieren.

- Treffen finden quartalsweise statt.
- Lehrperson meldet sich an bzw. Stationsleitung vereinbart Treffen bei Bedarf.
- Telefonischer Kontakt bei dringenden Fragen (Schülerproblematik) zuerst mit dem Bezugslehrer.

Verfahrensanweisung: **Auswahlverfahren**

Reha Rhein-Wied, Neuwied – Staatlich anerkannte Schule für Physiotherapie

Vorbemerkungen

Das Auswahlverfahren orientiert sich an vielfältigen Vorgaben:
- Physiotherapeutengesetz einschließlich Ausbildungs- und Prüfungsverordnung,
- Vorgaben der Schulleitung

Die Vorgaben werden unter dem Punkt „Vorgehensweise" konkret beschrieben.

Ziel

Sicherstellung einer standardisierten Vorgehensweise mit dem Ziel objektiver Beurteilung und zeitnaher Auswertung und Entscheidung.

Geltungsbereich

Der Geltungsbereich „Auswahlverfahren" umfasst:
- Schulleitung,
- Sekretariat,
- Dipl.-Sportlehrer,
- Lehrkräfte.

Vorgehensweise

Welche Aufgaben?	Bis wann?	Wer verantwortlich?
• Planung Auswahlverfahren		Prinzipiell ein Mitarbeiter aus dem Schulteam
• Wird von der Schulleitung benannt oder von dieser selbst übernommen		Schulleitung
• Festlegung des Termins des Auswahlverfahrens	Nach Bedarf je nach Anzahl der Bewerbungen	Schulleitung
• Einsatzplanung der beteiligten Mitarbeiter	Nach Festlegung des Termins	Schulleitung
• Einladung zum Auswahlverfahren	Sofort nach Eingang der Bewerbung, evtl. Vorabbescheid	Sekretärin

Welche Aufgaben?	Bis wann?	Wer verantwortlich?
• Übersicht der Bewerber	Wird aktualisiert nach Eingang der Bewerbung	Sekretärin
• Kontrolle Zu-/Absagen	Laufend	Sekretärin
• Themenauswahl Diskussion	Während der Planung	Schulleitung
• Vorbereitung schriftlicher Test	Während der Planung	Schulleitung
• Vorbereitung der Beurteilungsbögen	Während der Planung	Schulleitung
• Planung des Tagesablaufs		Schulleitung
• Überprüfung der schriftlichen Arbeiten		Lehrer, die bei Auswahlverfahren beteiligt sind
• Benachrichtigungsschreiben über Zu- oder Absage	Spätestens 8 Tage nach Auswahlverfahren	Sekretärin

Dokumentation

Bezeichnung	Zuständig für Erstellung	Zuständig für Archivierung	Ablage	Dauer	Zugriffsberechtigung
Einladungsschreiben	Sekretärin	Sekretärin	Ordner Auswahlverfahren		Team Schule
Liste der eingegangenen Antworten	Sekretärin				Team Schule
Aktuelle Themenliste als Diskussionsgrundlage	Schulleitung				Team Schule
Beurteilungsbogen Diskussion	Schulleitung				Team Schule
Beurteilungsbogen Sporttest	Dipl.-Sportlehrer				Team Schule
Schriftlicher Test	Schulleitung				Team Schule
Beurteilungsbogen Gespräch	Schulleitung				Team Schule
Benachrichtigungsschreiben	Sekretärin				Team Schule

Unterlagen und Anlagen

Formblatt 1: Einladungsschreiben
Formblatt 2: Beurteilungsbogen Diskussion und Praxis/Formblatt
Formblatt 3: Schriftlicher Test
Formblatt 4: Beurteilungsbogen Gespräch/Formblatt
Formblatt 5: Benachrichtigungsschreiben
Formblatt 6: Benachrichtigungsschreiben

Formblatt 1: Einladungsschreiben

Ihre Bewerbung um einen Ausbildungsplatz für das Jahr 2003 an der Schule für Physiotherapie der Reha Rhein-Wied

Sehr geehrte/r Frau/Herr

aufgrund Ihrer o.g. Bewerbung laden wir Sie zu unserem BewerberInnenauswahlverfahren am

xx.xx.xxxx

in der Reha Rhein-Wied, Andernacher Straße 70, 56564 Neuwied ein.

Sie nehmen in einer Gruppe von ca. 12 MitbewerberInnen an unserem Auswahlverfahren teil und müssen mit einem Zeitaufwand von ca. 5–6 Stunden rechnen (9.30–15.00 Uhr).

Tagesablauf:

09.30–10.00 Uhr	Beginn/Begrüßung der BewerberInnen/Vorstellungsrunde
10.00–11.00 Uhr	Diskussionsrunde
11.00–11.15 Uhr	Pause
11.15–12.00 Uhr	Praktische Übungen
12.00–12.30 Uhr	Pause (ein Imbiss wird bereitgestellt)
12.30–13.30 Uhr	Gruppe A Test/Gruppe B Bewerbungsgespräch
13.30–14.30 Uhr	Gruppe B Test/Gruppe A Bewerbungsgespräch
15.00 Uhr	Ende des Auswahlverfahrens.

Wir bitten Sie um Verständnis, dass am Ende des Auswahlverfahrens noch keine Zu- oder Absage gemacht werden kann. Sie bekommen innerhalb von acht Tagen nach dem Auswahlverfahren die Entscheidung schriftlich mitgeteilt.
Bitte bringen Sie zum Auswahlverfahren Turnkleidung und Sportschuhe sowie einen Kugelschreiber mit.
Wir freuen uns auf die Begegnung mit Ihnen.

Mit freundlichen Grüßen

Therapeutischer Direktor/Schulleiter

Formblatt 2: Beurteilungsbogen

Test Schule für Physiotherapie Reha Rhein-Wied

								Note
Diskussion	1	2	3	4	5	6		
Praxis								
Beweglichkeit	1	2	3	4	5	6		
Koordination	1	2	3	4	5	6		
Kraft	1	2	3	4	5	6		
Ausdauer	1	2	3	4	5	6		
Note:								
Schriftlich	1	2	3	4	5	6		
Gespräch	1	2	3	4	5	6		
Note:								
Zusage								
Warteliste								
Absage								
Unterschrift:					Datum:			

Formblatt 3: Aufnahmetest

Datum: _____

Name der Bewerberin/des Bewerbers: _____

❏ Test bestanden
❏ Test nicht bestanden

Politik

1. Die Weltbank

   ❏ hat ihren Sitz in Bern
   ❏ gibt Entwicklungsländern Kredite
   ❏ beschließt den europäischen Diskontsatz
   ❏ legt den Lombardsatz fest

2. Wogegen kämpft Amnesty International?

   ❏ gegen Drogenhandel in der Welt
   ❏ gegen Folter politisch Andersdenkender
   ❏ gegen politisch Verfolgte

3. Wie heißt der/die amtierende/r BundesgesundheitsministerIn?

   ❏ Gesundheitsminister Schmidt
   ❏ Gesundheitsminister Fischer
   ❏ Gesundheitsminister Schulte

4. Warum ist der 3. Oktober in Deutschland ein Feiertag?

Religion

5. Wie heißen die vier Evangelisten?

   ❏ Lukas   ❏ Markus
   ❏ Petrus   ❏ Johannes
   ❏ Matthäus   ❏ Jakobus

6. Welcher Papst stammt aus Polen?

   ❏ Papst Pius der XIV
   ❏ Papst Paul I
   ❏ Papst Johannes Paul II
   ❏ Papst Johannes II

7. Wie heißen die Kirchen der Moslems?

   ❏ Tempel
   ❏ Synagogen
   ❏ Katakomben
   ❏ Moscheen

8. Was wird Weihnachten gefeiert?

9. Wie lange dauert die Fastenzeit der Christen?
   - ❏ 35 Tage
   - ❏ 40 Tage
   - ❏ 45 Tage

10. Welche Weltreligionen gründen auf dem Glauben an nur einen Gott?
    - ❏ Jehovas Zeugen
    - ❏ Islam
    - ❏ Christentum
    - ❏ Judentum
    - ❏ Buddhismus

Kultur

11. In welchem Buch kann man die Botschaft „Man sieht nur mit dem Herzen gut. Das Wesentliche ist für die Augen nicht sichtbar" nachlesen?
    - ❏ Die Möwe Jonathan
    - ❏ Der kleine Prinz
    - ❏ Fuchs und Hase

12. Wer schrieb den Zauberlehrling?
    - ❏ Erich Kästner
    - ❏ Johann Wolfgang von Goethe
    - ❏ Astrid Lindgren
    - ❏ Isabell Allende

13. Wer komponierte die Zauberflöte?
    - ❏ Johann-Sebastian Bach
    - ❏ Vivaldi
    - ❏ Wolfgang Amadeus Mozart
    - ❏ Händel

14. Von welchem Schriftsteller stammt das Buch die Satanischen Verse?
    - ❏ Salman Rushdie
    - ❏ Mark Twain
    - ❏ Steven King
    - ❏ Gotthold E. Lessing

15. Wer malte das berühmte Bildnis das Abendmahl?
    - ❏ Raphael
    - ❏ Leonardo da Vinci
    - ❏ Michelangelo

Sport

16. Was bedeuten die olympischen Ringe?

    ❏ Sie stehen für die fünf größten Länder der Erde
    ❏ Zeichen für die fünf Erdteile
    ❏ Zeichen für die Mitglieder des Olympischen Komitees
    ❏ Vereinigung der fünf Olympiadisziplinen

17. Wie nennt man die verbotene Einnahme von Medikamenten?

    ❏ Dreaming
    ❏ Substitution
    ❏ Dealing
    ❏ Doping

18. Was bedeutet die Abkürzung NOK?

    ❏ Neutrales Olympisches Komitee
    ❏ Nationale Organisation für Kinder
    ❏ Nationales Olympisches Komitee

19. Welche Menschen nehmen an den Paraolympischen Spielen teil?

20. Welche Sportler treffen sich bei der Kieler Woche?

    ❏ Motorbootfahrer
    ❏ Surfer
    ❏ Segler

Wissenschaft

21. Wer entdeckte, dass man Milch durch Hitze haltbar machen (pasteurisieren) kann?

22. Welche Aufgaben haben die roten Blutkörperchen?

    ❏ Sie sind Abwehrstoffe
    ❏ Sie transportieren Sauerstoff
    ❏ Sie gehören zu den Leukozyten
    ❏ Sie gehören zu den Thrombozyten

23. Wie berechnet man die Fläche eines Kreises?

    ❏ $A = \frac{1}{2} g \cdot h$
    ❏ $A = a^2$
    ❏ $A = \pi \cdot r^2$

24. Welcher Arzt führte zuerst eine Herztransplantation beim Menschen durch?

    ❏ Billroth
    ❏ Sauerbruch
    ❏ Bernard
    ❏ Lister

25. Wie nennt man einen Erreger einer Infektionskrankheit?
   ❏ Virus
   ❏ Parasit
   ❏ Leukozyt
   ❏ Leptospire

26. Wer erfand die Pockenschutzimpfung im Jahr 1798?
   ❏ Hoffmann
   ❏ Fleming
   ❏ Leuvenhoeck
   ❏ Jenner

27. Welches Organ filtert die Abfallstoffe, die der Körper nicht braucht?

28. Welche bekannte Formel geht auf Albert Einstein zurück?
   ❏ $F = s \cdot t^2$
   ❏ $E = m \cdot c^2$
   ❏ Formel 1
   ❏ $E = m \cdot a$

29. Wie hoch ist die Körpertemperatur beim gesunden Menschen?

30. Was ist ein Dentist?
   ❏ Zahnarzt
   ❏ Spezialist für Dendriten
   ❏ Zahnprothesenhersteller

31. Von wem wurden die Vererbungsgesetze entdeckt?
                                                           (1 Wort)

32. Warum wird Asbest heute nicht mehr verwendet?
                                                           (1 Wort)

33. Was bedeutet die Abkürzung GAU?
   ❏ Großauftrag für Übungsfelder
   ❏ Größter anzunehmender Unfall in einem Kernkraftwerk
   ❏ Ozonschichtverdünnung durch Smog

Natur

34. Was war das erste geklonte Tier?
   ❏ Hund
   ❏ Ziege
   ❏ Schaf

35. Wo liegt die Antarktis – am Nord- oder Südpol?

    ❑ Südpol
    ❑ Nordpol

36. Welches lebenswichtige Element entsteht durch die pflanzliche Photosynthese?

    ❑ Sauerstoff
    ❑ Stickstoff
    ❑ Wasser
    ❑ Phosphor
    ❑ Eiweiß

37. Welches Element bezeichnen Chemiker mit dem Buchstaben H?

(1 Wort)

maximale Punktzahl: 41
mehr als 22 Punkte bestanden
erreichte Punktzahl:

Liebe Bewerberin, lieber Bewerber,

wir möchten Sie ein wenig kennenlernen und stellen Ihnen nachfolgend einige Fragen, die Sie frei beantworten können.

1. Lesen Sie gerne?
   Welches Buch lesen Sie zur Zeit bzw. welches haben Sie zuletzt gelesen? Was hat Ihnen an diesem Buch gefallen, was hat Sie daran gestört?

2. Gibt es ein Hobby, das Sie besonders gerne ausüben würden? Was fasziniert Sie an diesem Hobby?

3. Sehen Sie sich bestimmte Fernsehsendungen gerne und häufig an?

4. Welche Gründe führen zu Ihrer Entscheidung, KrankengymnastIn zu werden?

Formblatt 4: Bewerbungsgespräch

Name der Bewerberin/des Bewerbers:
Datum:

Auftreten:

Blickkontakt:

Körperhaltung:

Gesprächsverlauf:

Themen des Bewerbungsgespräches:

Das Gespräch wird geführt von

(Unterschrift)　　　　　(Unterschrift)　　　　　(Unterschrift)

Anlage

Verfahrensanweisung:
Praktikumsbetreuung

Reha Rhein-Wied, Neuwied – Staatlich anerkannte Schule für Physiotherapie

Vorbemerkungen

Die Praktikumsbetreuung orientiert sich an vielfältigen Vorgaben:
- Physiotherapeutengesetz einschließlich Ausbildungs- und Prüfungsverordnung,
- Jugendarbeitsschutzgesetz, Mutterschutzgesetz,
- AVR,
- Vorgaben der Schulleitung.

Die Vorgaben werden unter dem Punkt Vorgehensweise konkret beschrieben.

Ziel

Sicherstellung einer standardisierten Vorgehensweise mit dem Ziel der Umsetzung der Lehrinhalte am Patienten sowie Integration des Gelehrten im Arbeitsalltag.

Geltungsbereich

Alle Kooperationskliniken sowie alle Einsatzorte der Reha Rhein-Wied.

Vorgehensweise

Welche Aufgaben?	Bis wann?	Wer verantwortlich?
• Planung Praktikum		Prinzipiell ein Mitarbeiter aus dem Schulteam
• Wird von der Schulleitung benannt oder von dieser selbst übernommen		Schulleitung
• Festlegung des Termins der Praktikumsbetreuung		Schulleitung
• Einsatzplanung beteiligte Mitarbeiter	Nach Festlegung des Termins	Schulleitung
• Auflistung der Lehrinhalte		Lehrkräfte
• Übersendung der Lehrinhalte an Praktikumsbetriebe	Spätestens 4 Wochen vor Praktikumsbeginn	Sekretärin

Welche Aufgaben?	Bis wann?	Wer verantwortlich?
• Erstellung und Übersendung der Beurteilungsbögen an die Praktikumsbetriebe	Während der Planung	Sekretärin
• Besprechung der Beurteilung	Nach Praktikum	Schulleitung/ Lehrkraft

Dokumentation

Bezeichnung	Zuständig für Erstellung	Zuständig für Archivierung	Ablage	Dauer	Zugriffsberechtigung
Lehrinhalte	Lehrkraft	Sekretärin	Ordner Praktikum		Team Schule
Beurteilungsbogen	Praktikumsanleiter		Ordner Praktikum		Team Schule
Protokoll Praktikumsbesprechung			Ordner Praktikum		Team Schule

Unterlagen und Anlagen

Formblatt 1:   Beurteilungsbogen

Formblatt 1: Schülerbeurteilung/Schule für Physiotherapie

Name: Physio
Vorname:

Praktikumsart:

Praktikumsstelle:

Praktikumszeit: vom   bis

Anzahl der Fehltage:

Literaturverzeichnis

BECKER, Alois: Qualität durch Zertifizierung in der außerschulischen Jugend- und Erwachsenenbildung. In: Qualitätsenwicklung durch Evaluation. Freiburg 1996

BOBZIEN, Monika/STARK, Wolfgang/STRAUS, Florian: Qualitätsmanagement. Alling 1996

BOSCH, Robert Stiftung GmbH: Pflege neu denken. Stuttgart 2001

BRAUN, Tobias/KOCH, Jochen: Qualitätsmanagement: Entwicklung, Problemfelder und ein integrativer Lösungsvorschlag – Praxisberichte. OSC – Organisationsberatung, Supervision, Coaching 5/2002

Bundesministerium für Familie, Senioren, Frauen und Jugend: Materialien zur Qualitätssicherung in der Kinder- und Jugendhilfe. Bonn 1997

CERTQUA Gesellschaft der Deutschen Wirtschaft zur Förderung und Zertifizierung von Qualitätssicherungsytemen in der Beruflichen Bildung mbH. Unterlagen aus den Lehrgängen zum Qualitätsbeauftragten/Bildungsmanagement/Auditor. Bonn 1997

DAHLGAARD, Knut/SCHIEMANN, Doris: Qualitätsentwicklung in der Pflege. Bundesministerium für Gesundheit, Osnabrück 1995

DELL, Joachim/SCHMIDT, Günter/TAUTENHAHN, Frank: Qualitätsmanagement macht Schule; Landesinstitut für Schule und Weiterbildung 1997

DOPPLER, Klaus/FUHRMANN, Hellmuth/LEBBE-WASCHKE, Birgitt/VOIGT, B.: Unternehmenswandel gegen Widerstände. Frankfurt am Main 2002

EICHHORN, Siegried: Integratives Qualitätsmanagement im Krankenhaus. Stuttgart 1997

FRANKL, Viktor E.: Der Mensch vor der Frage nach dem Sinn. München 1985

HEINER, Maja: Qualitätsentwicklung durch Evaluation. Lambertus 1996

HILDEBRAND, Rolf: Qualitätsmanagement. Führen und Wirtschaften im Krankenhaus 3/1994

HILDEBRAND, Rolf: Total Qualitätsmanagement. Führen und Wirtschaften im Krankenhaus 31/1995

KEUPER, Rüdiger/OPPEK, Ernst/PFITZINGER, Elmar: Qualität in der beruflichen Bildung; Landesgewerbeamt Baden-Württemberg. Stuttgart 1977

KURTENBACH, Hermann/GOLOMBEK, Günter/SIEBERS, Hedi: Krankenpflegegesetz mit Ausbildungs- und Prüfungsverordnung für die Berufe in der Krankenpflege. Stuttgart 1994

Leitfaden Qualitätssicherung in Bildungshäusern; ein Projekt im Rahmen des EU-Bildungsprogrammes Sokrates 1997

Meier-Gerlich, Georg: Organisationstheologie und Caritatives Management. Trier 2001

Niehoff, Andreas: Von QM zu TQM in der Praxis; Qualitätsmanagement der Wertschöpfung; Hrsg. Heinz W. Adams/Guido Wolf. Edition Blickbuch Wirtschaft 1996

Olk, Thomas u. a.: Jugendhilfe und Schule. Juventa 1999

Pfitzinger, Elmar: Qualität in der beruflichen Bildung; 2000

Schewior-Popp, S.: Handlungsorientiertes Lehren und Lernen in Pflege- und Rehabilitationsberufen. Stuttgart 1998

Schriftenreihe des Landesarbeitskreises für berufliche Fortbildung des Landesgewerbeamtes Baden-Württemberg

Schwerdt, Ruth: Ethisch-moralische Kompetenzentwicklung als Indikator für Professionalisierung; Katholischer Berufsverband für Pflegeberufe; Regensburg 2002

Senge, Peter M.: Die fünfte Disziplin. Stuttgart 1996

Sprenger, Reinhard K.: Das Prinzip der Selbstverantwortung. Frankfurt am Main 1995

Stenger, Hermann M.: Für eine Kirche, die sich sehen lassen kann. Innsbruck 1995

Wollert, Artur: Führen, Verantworten, Werte schaffen. Frankfurt am Main 2001

Sachwortregister

A
Ablauforganisation   19
Abschluss   31
Abteilungsdenken   21
Anlagen   62
Anpassbarkeit   33
Anspruchsgruppe   23
Arbeitsablauf, Transparenz   19
Arbeitsanforderung   27
Arbeitsfeld   29
Arbeitsort   18
Arbeitsschwerpunkt   16
Aufbauorganisation   19
Ausbildungskosten   6
Ausbildungslandschaft   15
Ausbildungsort   18
Ausbildungssituation   10
Ausbildungsverlauf   20
Ausgangslage   44
Aushandlungsprozess, partizipativer   19

B
Bedenken   56
Befugnisse   54
Begriffsverständnis   32
Bildungsaufgabe   22
Bildungsprogramm   75
Bildungsverantwortung   11
Bundespflegesatzverordnung   6

D
Detailfrage   61
Dienstleistungsanspruch   19
Dienstleistungsbereich   35
DIN (Deutschland)   32
Dokumentation   62
DRG-Abrechnungssystem   6
Dynamik   15

E
Einzelaktivität   44
EN (Europa)   32
Energieträger   50
Entwicklungsschritt   24
Erfolg   28
Ergebnisqualität   18
Erwartung   22
ethische Grundhaltung   21
Evaluation, interne   7

F
Fehler als Lernzuwachs   27
Fehlinterpretation   61
Formalismus   26
Führungsverständnis   24

G
Gefühl   28
Geisteshaltung   24, 25
Geltungsbereich   60
Gesamtverantwortung für die theoretische und praktische Ausbildung   9
Gewinn   73
Gliederungspunkte   60
Grundvoraussetzung   46

H
Handlungsfähigkeit, praktische   5
Handlungsfeld   35
Hauptkapitel   35

I
Informationsveranstaltung   55
Instrumente   57
Interdependenz   44
ISO (International)   32

K
Klärungsaustausch   23
Klima   50
Kommunikation, bereichsübergreifende   21
Kommunikationsaustausch   59
Kompatibilität   33
Kompetenzabgrenzung   54
Kompetenzbewertung   15
Kompetenzregelung   46
Komplexität   15, 17
Konkurrenz   75
Kontaktpflege   31
Kooperation   46

Sachwortregister

Krankheitsausfall 45
Kreativität 28
Kulturverständnis 46
Kundenwunsch 26
Kundenzufriedenheit 33

L
Leitbild 46
– eines Unternehmens 21
Lernangebot, neues 20
Lernen
– anwendungsorientiertes 20
– soziales 20

M
Machtstruktur, traditionelle 19
Mehrheitsvotum 51
Meinungsbild 32
Mindeststandard 21
Modellprojekt 30
Multiplikatorenwirkung 75

N
Nachbesserung, aufwändige 20
Nachweisstufe 32
Norm 33
Normenreihe 32
Normkapitel 35
Nutzen 45

O
Ordensgemeinschaft 30
Organisationsaufwand 73
Orientierung 28
Orientierungsrahmen 48

P
Personalengpass 18
Personalentwicklungsstrategie 7
Problemanalyse 57
Problembewältigung 63
Problemerkennung 57
Prozessanalyse 63
Prozessbeschreibung 6
– dokumentierte 16
prozessorientierte Arbeitsweise 18
Prozessqualität 7, 18
Prozessverantwortung 16

Q
Qualität 21, 34
Qualitätsbegriff 14, 21

Qualitätsbemühung 25
Qualitätsbewusstsein 9
Qualitätsentwicklung 23
Qualitätsfähigkeit 13
Qualitätsförderung 14
Qualitätsgedanke 24
Qualitätslenkung 13
Qualitätsmanagementsystem, Überblick 34
Qualitätsmaßstab, objektiver 14
Qualitätsmerkmal 22
Qualitätsplanung 13
Qualitätspolitik 23
Qualitätsstandard 16
Qualitätstransparenz 24
Qualitätsverbesserung 8
Qualitätsverbesserungsprozess 26
Qualitätsverständnis 15
Qualitätsziel 54

R
Rahmenbedingung 46
– veränderte 5
Reflexion 18
Reflexionsschleife 68
Routinetätigkeit 35

S
Sachverhalt 60
Schlüsselprozess 17
Schneeballprinzip 44
Schnittstelle 16
Schulung 55
Selbstverantwortung 11
Sichtweise 23
Status quo 10
Strukturqualität 17

T
Teamentwicklung 45
Total Quality Management 26

U
Überzeugungsarbeit 27
Übungsphase 68
Umschreibung 35
Umsetzungsprozess 27
Unkenntnis 27
Unsicherheit 68
Unternehmensleitbild 21
Unternehmensphilosophie 21

Unternehmensziel 21
Unterrichtsdeputat 73

V
Verantwortlichkeit 54
Verbesserung 33
Verfahrensanweisung 46
Vergleichbarkeit 46
Vernetzung 44, 59
Versuch und Irrtum 28
Vision 24
Vorbilder 49

W
Waldbreitbacher Franziskanerinnen 30

Werteorientierung 21, 49
Wertvorstellung 49
Wettbewerb 7

Z
Zeitdruck 56
Zeitlücke 68
Zeitrahmen 56
Zielvereinbarung 21
Zivilcourage 50
Zukunftsausrichtung 27
Zukunftssicherung 57
Zurückhaltung 27
Zusammenstellung 63

Fachliteratur Pflege

Ronald Kelm
Personalmanagement in der Pflege
Bd. 1: Arbeitsrechtliche Grundlagen – Personalbeschaffung – Personalführung

2003. 257 S., 23 Abb. s/w, 22 Übers. s/w, Kart. € 19,80
ISBN 3-17-017083-X
PflegeManagement

Ronald Kelm
Arbeitszeit- und Dienstplangestaltung in der Pflege

2., aktual. u .erw. Auflage 2003
320 S., 19 Abb. s/w, 8 Übers. s/w, 20 Tab. s/w, Kart. € 19,–
ISBN 3-17-017604-8
PflegeManagement

Personalmanagement gewinnt auch im Pflegebereich zunehmend an Bedeutung: Krankenhäuser und Kliniken stehen häufig nicht nur wegen der Kosten im Gesundheitswesen in der Kritik, sondern auch wegen ihrer Management- und Führungsstruktur. Leicht verständlich und praxisnah vermittelt der Autor das für die Professionalisierung der Personalpolitik notwendige Wissen.

Band 1 des zweiteiligen Werkes enthält die Themenbereiche:
- Arbeitsrechtliche Grundlagen
- Personalbeschaffung
- Personalführung.

Der Autor: Ronald Kelm ist Pflegedienstleiter der chirurgischen Kliniken des Universitätsklinikums Schleswig-Holstein, Campus Kiel, und seit 1990 als Dozent in der beruflichen Weiterbildung tätig.

Die Missachtung von Arbeitszeitrecht und Tarifverträgen führt in Krankenhäusern und Pflegeeinrichtungen häufig zu Konflikten und Demotivation. Diesem Problem entgegenzuwirken, stellt daher eine bedeutende Herausforderung für alle Pflegedienst- und Stationsleitungen dar. Vor diesem Hintergrund vermittelt der Autor zunächst das erforderliche rechtliche Basiswissen und behandelt dann umfassend und ausführlich die gesetzlichen und tariflichen Vorschriften zu Arbeitszeit, Arbeitszeitmodellen sowie Erholungsurlaub in ihren Auswirkungen auf die Dienstplangestaltung. Anhand zahlreicher Fall- und Berechnungsbeispiele zeigt der Autor dabei auf gut verständliche Weise, wie die Vorschriften in die Praxis umzusetzen sind. Weitere Themen sind der Zusammenhang zwischen Dienstplan und Arbeitsorganisation und die Mitbestimmungsrechte der Betriebs- und Personalräte.

Die 2. Auflage dieses bewährten Werkes berücksichtigt durchgehend das Urteil des Europäischen Gerichtshofes zum Bereitschaftsdienst vom 3. Oktober 2000. Eine wesentliche Erweiterung erfuhr das Buch außerdem durch die Aufnahme der relevanten gesetzlichen und tariflichen Vorschriften, die im Anhang abgedruckt sind.

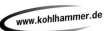

W. Kohlhammer GmbH · Verlag für Krankenhaus und Pflege
70549 Stuttgart · Tel. 0711/7863 - 7280 · Fax 0711/7863 - 8430

Fachliteratur Pflege

Jan E. Gültekin/Anna Liebchen
Pflegerische Begutachtung
Datenerhebungsmethoden, Pflegebedarfs- und Pflegequalitätsermittlung

2003. 172 Seiten mit 22 Abb. und 25 Tab. Kart. € 16,50

ISBN 3-17-017886-5
PflegeManagement

Jan E. Gültekin/Anna Liebchen
Pflegevisite und Pflegeprozess
Theorie und Praxis für die stationäre und ambulante Pflege

2003. 148 Seiten mit 11 Abb. s/w., 9 Tab. Kart. € 14,50

3-17-017882-2
PflegeManagement

Pflegerische Begutachtungen werden in zunehmendem Maße von Fachgutachtern mit pflegespezifischer Ausbildung und entsprechender Berufserfahrung vorgenommen. Die Anforderungen, die an die Erstellung solcher Gutachten gestellt werden, sind zwar hoch, lassen sich aber mit entsprechendem Methodenwissen und fundierter Vorbereitung gut bewältigen. In diesem Sinne vermitteln die Autoren auf praxisnahe Weise zunächst die notwendigen Kenntnisse über die Techniken der qualitativen Datenerhebung. Anschließend geben sie einen umfassenden Überblick über die Besonderheiten der beiden zentralen Gutachtentypen:

- das Gutachten zur Pflegebedarfsermittlung und
- das Gutachten zur Pflegequalitätsermittlung.

Schließlich werden die steuerrechtlichen und finanziellen Aspekte der Gutachtertätigkeit behandelt. Zahlreiche Fallbeispiele, Tabellen sowie verschiedene Gutachtenformulare erleichtern die Umsetzung in die Praxis.

Die Pflegevisite gilt als eines der wirksamsten Instrumente der Qualitätssicherung. Das hier vorgestellte Pflegevisitenmodell unterscheidet zwischen primärer und sekundärer Pflegevisite: Während der Fokus der primären Pflegevisite auf die Belange des Pflegeempfängers gerichtet ist, steht bei der sekundären Pflegevisite die Kontrolle der primären Pflegevisite und ihrer Rahmenbedingungen im Mittelpunkt. Im Einzelnen werden folgende Themen behandelt:
Voraussetzungen für die Einführung der Pflegevisite in einer Einrichtung, Bedeutung der Pflegevisite im Pflegeprozess, Vorbereitung und Durchführung von primärer und sekundärer Pflegevisite. Zahlreiche Fallbeispiele, Einstufungstabellen und Checklisten liefern Anregungen für die Umsetzung in die Praxis.

Die Autoren: Jan E. Gültekin, Pflegedienst- und Heimleiter, unabhängiger Pflegegutachter, ist Vorstandsmitglied des Deutschen Bundesverbandes unabhängiger Pflegesachverständiger und Pflegefachgutachter. **Dr. med. Dipl.-Psych. Anna Liebchen** ist Vorstandsmitglied des Deutschen Bundesverbandes unabhängiger Pflegesachverständiger und Pflegefachgutachter. Zugleich ist sie als Ärztin am Allgemeinen Krankenhaus Harburg in Hamburg in der Abteilung für Psychiatrie und Psychotherapie und in der angeschlossenen Memory Clinic tätig.

W. Kohlhammer GmbH · Verlag für Krankenhaus und Pflege
70549 Stuttgart · Tel. 0711/7863 - 7280 · Fax 0711/7863 - 8430

Fachliteratur Pflege

Heinz Sträßner/Manuela Ill-Groß
Das Recht der Stationsleitung
Ein Leitfaden für Alten- und Krankenpflegepersonal

2., vollst. überarb. und erw. Auflage 2002
364 S., 45 Abb., 7 Tab. und ausklappbare Falttafel. Kart. € 25,–
ISBN 3-17-017474-6
Pflege Recht

Wolfgang Schäfer/Peter Jacobs
Praxisleitfaden Stationsleitung
Handbuch für die stationäre und ambulante Pflege

2002. 396 Seiten. Kart. € 24,90
ISBN 3-17-017029-5
Pflege Wissen und Praxis

Arbeitsorganisation, Mitarbeiterführung und Qualitätssicherung stellen höchste Anforderungen an die menschliche und fachliche Kompetenz einer Stationsleitung – auch aus juristischer Sicht. Die Stationsleitung hat nicht nur die Interessen der Patienten/Heimbewohner zu vertreten, sondern auch ihre eigenen Belange und die der Mitarbeiter wahrzunehmen. Ihre gesamte Tätigkeit spielt sich im Spannungsfeld der Rahmenbedingungen ab, die von Träger, ärztlichem und pflegerischem Bereich vorgegeben werden.
Deshalb gibt dieses Buch auch in der 2., vollständig überarbeiteten und erweiterten Auflage Auskunft über die gesamte Breite rechtlicher Grundlagen für alle Alten- und Krankenpflegekräfte im stationären Leitungsbereich.

Aus dem Inhalt:
- Arbeits-, Versorgungs- und Haftungsfragen
- Stellenbeschreibungen, Dienstanweisungen, Dokumentation, Pflegestandards
- Probleme wie Delegation und Fixierungen
- Mitarbeiterbeurteilung.

Die Autoren setzen sich mit sämtlichen für Stationsleitungen relevanten Aspekten und Aufgaben sowohl im stationären als auch im ambulanten Bereich auseinander: Leitbild und Pflegetheorien, Leitungsprofil und Aufgabenbereiche, Stellenbeschreibung, Mitarbeiterführung, Stationsorganisation, Qualitätssicherung, Patientenorientierung und Personalentwicklung. Der rechtliche Teil stellt die wichtigsten juristischen Grundlagen und Problemfelder dar. Alle Aspekte werden anhand zahlreicher Fallbeispiele illustriert.

„... ein Muss für alle, die in pflegerischen Leitungsfunktionen anleiten – egal ob im Krankenhaus, Pflegeheim oder in der ambulanten Pflege."
www.pflegediskurs.org (Sept. 2002)

Die Autoren: Wolfgang Schäfer, Pflegemanager, ist Stationsleiter einer gastroenterologischen Allgemeinstation im Klinikum Großhadern der Universität München. **Peter Jacobs** ist Pflegedirektor des Klinikums Großhadern der Universität München.

Die Autoren: Heinz Sträßner, Rechtsanwalt, langjährige Beschäftigung mit Krankenhaus- und Pflegerecht, seit 1980 Lehraufträge in der Fort- und Weiterbildung von Pflegekräften bei verschiedenen Fortbildungsträgern im gesamten deutschen Raum. **Manuela Ill-Groß,** Krankenschwester mit der Weiterbildung zur PDL und Betriebswirtin (VWA), Schwerpunkt Krankenhauswirtschaft, mehrjährige Erfahrung in der Fort- und Weiterbildung von Pflegekräften.

W. Kohlhammer GmbH · Verlag für Krankenhaus und Pflege
70549 Stuttgart · Tel. 0711/7863 - 7280 · Fax 0711/7863 - 8430